男社会をぶっとばせ！
反学校文化を生きた女子高生たち

梶原公子
Kajiwara Kimiko

あっぷる出版社

序章　女性のライフステージ

生徒の質問

一九九〇年代初め、私はある女子高校に勤務していた。ある日の昼休み、三年生の生徒が友だち二人と一緒に私のところにやってきた。その生徒がいきなりこう質問した。

「センセイ、生理がないっていうことは、妊娠していないってことだよね」

私は驚いて聞き返した。

「ええっ、それは授業でやったよね」

「それじゃあ、妊娠しているってこと?」

「大事なことだって言ったよね」

「やっぱり、していないんだ。いや、している。やっぱりしていない、どっちなの?」

「ノートをとっていたでしょ」

生徒たちは「そんなこと習ったかな、誰かノートをとっている子に聞いてみよう」と言いながら帰っていった。

それにしても、「妊娠したら生理がなくなる」という単純なメカニズムにすら関心を持たずに性経験をする。これは問題ではないだろうか。

そんなことがあってからしばらくたち、別のクラスの二人がやはり昼休みにやってきた。二人はニヤニヤした顔で私に近づくと、一枚の短冊を差し出した。それはクラス別に印刷された生徒名簿で、職員が採点などに使うもので、職員室の一定の場所に置かれていた。〈彼女たちはどのようにしてこれを入手したのだろうか〉といぶかる私にお構いなくこう言った。

「センセイ、この名簿を見て処女だと思う子には○を、処女じゃないと思う子には×を付けてみて」

〈私を試すってわけか〉

そう思いつつ、私は調子に乗って○×を付け始め、四〇人余りを付け終わると生徒に渡した。彼女たちは短冊を点検しながら、「ほぼ合っている、すごい！」と言い、「この子とこの子が違っているだけ。センセイどうしてわかったの？」と聞いた。

「そりゃあ、わかるよ。臭いがするもの」

「えっ、どんな臭い？　私は臭う？」と私にぐっと近寄った。

「それは秘密だから言えない」

ともかく、高校三年のクラスで六割強（だったと記憶している）が性経験者。これが当時務めていた学校の現実だった。

女子高生のリアル

九〇年代初め、世界は大きく変わった。一九八九年にベルリンの壁が壊され、一九九一年にはソ連邦が崩壊し、世界中に資本主義が増大していった。日本は高度成長期が終わり、バブル景気も終焉に向かっていたが、その結果、どの町でもどの店でもどの家庭でも、モノが行き渡り、溢れるようになった。女子高生の多くは飲食店や時には夜の商売――旅館の布団敷き、コンパニオン、居酒屋の店員などなど――のバイトに出かけ、稼いだお金でアクセサリーを買い、コンサートやクラブにデートに出かけた。

さらに、世の中にも学校にも「性行為は個人の自由の領域である」という性的リベラリズムが広まっていった。

このような社会の変化を背景に、女子高生の性経験の間口は広く敷居は低くなっていった。だが、授業中のやり取りだけでは、彼女たちの実像はわからない。授業中見せる顔からは彼女たちの実生活はつかめない。つまり、授業と実生活とはほぼつながっていない。それ以前に、そもそも彼女たちは授業を聞いていない。私が得た女子高生像は、ほとんど授業以外での会話からのものだった。

ある時、よく私のところに来るA子に次の質問をした。

「あなたにとって女になるって、どういうことを指しているの?」

彼女は「男に尽くされ、愛されること」と答えた。このことを聞いたのは、B子が一人でやってきて質問、というより悩みごとのように言った次のセリフが気になっていたからだ。

「私はいま付き合っている彼を愛している。だけど、彼の態度を見るとどうしても私のことを愛しているとは思えない。彼が欲しいのは私のからだだけじゃないかって……」

〈そんなこと当たり前じゃない。一〇代の男子は性欲のかたまりだと思ったほうがいいよ。彼にプラトニックラブ（古い!）の精神があるはずないじゃな

い〉

そう言おうとして私はその気持ちを押しとどめ「そうねえ、そうかもしれない」といい加減な返答をしてしまった。

彼女たちの恋愛は一般的に次のような経路をたどる。まず、男女どちらかが告白する。これは「私（僕）のことを愛してくれますか？　私（僕）はあなたを愛しているけれど」というラブコールである。双方が愛していると言えば「付き合う」が成立する。この場合の「付き合う」とはほとんど性関係に入ることを意味している。

この時点では男女は対等な立場に見えるが、内実はすでに男女は不平等であり、非対称的である。多くの女子高生はこの点、つまり付き合うことにはリスクが伴い、そのリスクは男女不平等であることをどうも理解していないようだった。

次のような調査結果が新聞記事にあった（東京新聞　二〇二二年六月八日）。

「職場の同僚の生理痛について」（三菱ＵＦＪリサーチ＆コンサルティング　二〇二二年六月）の調査である。その結果によると、二〇代女性の八八％が「生理痛」を感じており、そのうち五％は「耐えられないくらい痛い」と回答している。これに対して同僚男性に生理痛について知っているか尋ねたところ、「わからない」「生理痛はない」を合わせると七〇%だった。一方、「更年期症状」は男女とも二〇%が「感じている」だった。

女性だけにある生理痛を大前提にしたこの結果からわかることは、男女の非対称性である。女性だけにある生理痛を男性はあまり理解していないということだ。

生理は、出産に伴う身体的準備機能である。出産はいうまでもなく性行為、高校生の言う「付き合う」から始まる。彼ら彼女らは付き合うことを男女平等だととらえている。だがそれによって妊娠するのも、中絶するのも女性だけである。さらに子どもを生むとなると、女性にとっては人生の一大事である。一方、男性はパートナーが妊娠しようが出産しようが身体的な苦痛や重荷を感じない。女性が出産しても育児を放棄することは可能である。一連の出来事、性行為、妊娠、出産、育児は女性にとって一直線につながっているが、男性にとっては性行為のみで終わらせることができる。これは男女の非対称性というより、女性差別につながる問題でもある。

私が出会った多くの女子高生は彼氏に尽くされ、愛されることを望んでいた。

だが、同年齢の男子高校生はこのことに極めて疎い。もっと言うなら性行為から発生する諸問題を切り捨てて、いいとこ取りが許されるのが同年齢の男子生徒である。

性教育は有効だったか

八〇年代半ばまでは授業で性教育を扱うことはご法度だった。「寝た子を起こすな」が教育方針だったからだ。「高校生は性行為などしないもの」という考えがその前提にあった（実態として八〇年代はすでに高校生の性行為は進んでいたのだが）。

それが九〇年代に入ると先に述べたように、あれが欲しいこれが欲しいというモノへの欲望、あれがやりたいこれもやりたいという行動への欲望に対する規制が緩んできた。「欲望は欲するに任せよ」という合図があったかのごとく、女子高生は奔放といえるほどのアルバイトを始めた。

性教育もこの路線上にあった。それまでかけられていた性行為に関する規制は取り除かれ、「性行動は個人の自由である」という性的リベラリズムに転換したのである。自由な性行為のためには、まず避妊教育が必要とされ、これが性教育の奔流、最重要点となった。「どうしたら高校生が子どもを作らず性行為ができるか」を教えるようになった。

性行動の本質は生殖行為であり、子孫を残す、子どもを生むことである。この本質を覆い隠し、妊娠しないセックスのノウハウを教えることが最重要とされたのだ。性行為と妊娠、出産を切り離し、避妊法に収斂する授業が流行った(?)のである。人間も生物だという観点からすれば、論理的に矛盾する授業であった。

教育現場では「このような性教育は本当に有効なのだろうか?」という疑問も持たれず、議論もされず、理屈と現実は乖離しながら進行していった。それが、冒頭で述べたように、授業でやったことが実生活に生かされない結果につながった。

「性」はプライベート中のプライベート、個人にとってトップシークレットな領域だ。それを学校という公的な場に引きずり出して、必要不可欠な知識として教える、それも妊娠を避けるために避妊法をまず扱う。教員はこぞって寝た子を起こし始め、教科書会社が発行する指導書、生徒用学習ノートを用い、性教育についての研修授業を頻繁に行うようになった。

　こうした一連の動きと生徒の実態を見るにつけ、「性教育」なる授業には妥当性、有効性があるのだろうか、という疑問を私は持たざるを得なかった。この疑問に、どう答えたらよいだろうか。私は次のように感じている。

　学校で性教育をやっても有効性はほぼないと言ってよい。もちろん世の中には様々な性教育に関する出版物があり、私も大いに参考にしてきた。しかし、その出版物の多くはあるべき性行動を前提にした理屈だったり、欧米からの輸入知識で、日本の現場に馴染みにくいものだった。そのうえ寝た子はとっくに起きており、理屈など見向きもせずに一人前に性行動をしている。その背景には軽くなった性意識と〝堕落〟しきった性倫理と不確かな避妊情報がある。そんな状況で、有効で優れた授業実践ができる教員はそうはいないだろう。

妊娠・出産というライフステージ

高校時代の「付き合う」は女性だけに用意された、妊娠・出産というライフステージに乗るための助走である。しかも、このライフステージは女性の人生にとって一大イベントである。いったんこのステージに乗ると、女性には様々なアクシデントが待ち受けている。最も多いアクシデントは妊娠、それに連なる中絶、あるいは学業中退と出産、結婚そして育児などなどだ。現在でもなお、出産した女子生徒は退学、男子生徒は謹慎という高校がある。

この場合、男性は結婚、転職などはあってもあいも変わらず、稼げばよいという、平坦で見通しのよい道を歩くだけで、女性に比べればアクシデントに乏しい。さらに男性には妊娠・出産への身体的助走はない。子育てという長丁場のステージもほぼない。

女性は、妊娠・出産のステージに乗るとすぐ、労働市場から排除され、夫(男)の庇護のもと、被扶養者になる場合が多い。もちろん少しずつ変わってはいる。ただ、本書で取りあげるかつての女子高生から、育休を取ったという話を聞いたことがない。女性の就業率は上がってはいるが、出産とともに非正規雇用に変えることが多い。したがって、このステージは女性差別の根源と位置づけされる。差別されずに自立したいのであれば、妊娠、出産をやめることである。

それゆえか、無意識であっても女子高生を含めたほとんどの女性は、「このステージにいったいいつ乗るのがよいのか」「誰と乗るのがよいのか」あるいは「まったく乗らないのか」、という悩ましい問いを抱えることになる。この問いは女性にとって死活問題ですらある。

だが、女子高生と付き合う中で私はいたく感動したことがある。それは彼女たちのうちのかなりの数はそのようなことを悩むヒマもなく、付き合いを繰り返し、妊娠したり、中絶したり、時には生んだりさえして何食わぬ顔をして（実際は何も食っていないのではなく、苦く辛くしょっぱいものを食わされて）学校にやってくるのである。

学業を終えるやいなやできちゃった婚をする子も多い。そうなると彼女たちは子育てに精を出す。子育てと家事とに追い回される。傍らをふと見ると夫である男はスケボーやサーフィンで遊び、酒を飲み、転職を繰りかえして「クソ（筆者注：箸にも棒にもかからないありさまを女子高生たちはこう呼んでいた）」ぶりを発揮している。彼女たちの多くはそこで夫が「クソ」であると断定し、三下り半を突き付ける。と同時に母子で生きていく決断をし、資格取得に励み、就活をし、働きながら子育てをする。するとそこに、夫という他者がいないがために得られる心地よい空間があることを発見する。彼女たちは「これ以上の幸福はない」とさえ思うのである。女だけにあるこのライフステージは、どうやら彼女たちにとってリスクというより、ピンチをチャンスに変える転換点でもある。

かつて女子高生であった彼女たちは、女性特有のこのライフステージにどのように向き合い、どのように乗り越えてきたのだろうか。四〇代半ばという人生の折り返し地点に立ったいま、自らが生きてきたそのライフステージをどう思っているのだろうか。

これが私の興味と関心の的であった。

次章からの記述は、私が出会った元女子高生と、彼女たちにかかわってきた元教員の物語である。

（本書に登場する元女子高生、および教員はすべて仮名）

目次

第6章　結婚はしません　153

終章　信念変更の物語　179

第1章　女子高校生という存在

「女版野郎ども」

生徒が全員女子という、いわゆる女子高校に私は一四年間勤務した。教員人生の多くの年月を費やしたこの経験を通して感じたことがある（もちろん一つではないが）。それは「大雑把に言って女子高生は二つのグループに分けることができる」ということだ。一つは学校文化に染まるグループ、もう一つは「反学校文化」に染まるグループである。

学校文化とは「メリトクラシー[1]を信じている」「成績がよければ自己実現につながり、喜びが持てる職業に就ける」「職業人としての自覚が持てる」などを金科玉条としている。これを受け入れ、内面化した生徒たちが、学校文化になじむグループ。

対する反学校文化とは「メリトクラシーを信じない」「能力競争というモノは多数者から特権的な少数者が選別されるにすぎない」ことを知り抜いているグループだ。

反学校文化とは、英国の社会学者ポール・ウィリスが『ハマータウンの野郎ども――学校への反抗、労働への順応』（熊沢誠、山田潤訳　ちくま学芸文庫　二〇〇一）に書いた労働者階級の少年たち、つまり「野郎ども」の特質を指している。「野郎ども」は努力すればそれに応じて報われるという学校の教えを信じてもどうにもならないこと、自分たちが社会に出て優位に立つことができるのは肉体労働であることを心得ている、そういう少年たちを指している。

学校は学校文化に忠実な生徒を評価する。だが、ウィリスは勉強が嫌い、素行が悪いという労働者階級の少年たちに注目し、彼らの特質を「反学校文化」という言葉で提示した。ウィリスが提示した少年たちの特質は、私が接した「底辺校」といわれる女子高生と重なる部分があった。彼女たちもまた「野郎ども」と同様に、メリトクラシーに従っても自分たちは敗者になることを知り抜いていた。つまり学校文化の欺瞞性に気がついていたのである。

私は学校文化になじむ生徒にも、反学校文化になじむ生徒にも接してきた。が、本書の主人公は反学校文化になじむ女子高生である。彼女らは一般的に、社会でマージナルな位置が割り当てられている。反学校文化に浸りきった彼女らと初めて接した時は、それまで接してきた生徒との違いに驚愕した。当初は「授業のスタイルや学習内容で工夫を凝らすことで授業は成立するかもしれない」という淡い期待を持った。だが、現実はそんなに甘くなかった。のちに述べるように、彼女らを相手に授業をすることの無意味さを心の底から実感していったからである。

学校教育の本分は、ミシェル・フーコーの言葉を借りるなら「従順な身体として取り扱うことのできる人間を造り出す」「生徒たちを一か所に閉じ込め、個々をバラバラにし、機能的に動けるよう配置し、時間割に従って身体の動かし方を訓練によってたたみ込む」ことにある（『監獄の誕生』田村俶訳　新潮社　二〇〇一）。ところが反学校文化になじむ彼女らは、フーコーが述べる「従

1　「努力すれば報われる」という考え方。

順な身体」とは真逆で、メリトクラシーを信じるどころかお勉強一般などとは全く異なる世界、ぶっ飛んだところで生きていた。

ポール・ウイリスの著書を援用して、彼女たちを「女阪野郎ども」と呼びたい。

いつの間にか私は学校文化に馴染む女子生徒よりも「女阪野郎ども」に惹かれていった。ただし、一気に、ひとめぼれのように惹かれたのではなく、長い付き合いとぶつかり合いの繰り返しからそうなったのである。

なぜ彼女たちに惹かれたのか、その理由を簡単に述べたい。

「世の中には障がい者差別や民族差別など差別がある。しかし、差別の中で一番根源にあり土台となるものは女性差別である」(『女たちの中東　ロジャヴァの革命』ミヒャエル・クナップ他　山梨彰訳　青土社　二〇二〇)。だが、日本には女性差別を差別とも思わない無頓着さがいまだにある。セクハラをセクハラとも感じないオヤジが幅を利かせている。資本主義にせよ政治にせよ、社会が低迷していくとき、低迷するその根源にあるものが女性蔑視だ。上記の著書は、女性を蔑視すればするほど社会は低迷することを指摘している。このことが、いまようやく論じられるようになった。

だが、低迷する社会を何とかしようとするとき、影響を及ぼす要因として重要なのは優秀で高学歴の女性の力ではなく、もちろん男性でもない。それは社会で一段低く見られ、マージナルな位置を割り当てられている「女阪野郎ども」のような女性に他ならないのではないか、というのが私の思いである。

というのも、優秀で高学歴な女性はかえって男社会を支えているからだ。例えば高校教員の女性たちを高学歴だとしよう。私が知る限り女性教員の多くはフェミニズムに向かわない。むしろこれを煙たく感じているように思われる。フェミニストは女性の人権を主張する。そのためむしろ男社会から排除されることを、高学歴女性は心得ている。だから男社会が築いた学校制度を批判せず、これになじみ、順応し、男を立てるのである。男を立てる女は社会でよい位置が得られる。大学の同期会に参加した時、「自分は〝学歴〟によって高収入で有能な夫をゲットした」と誇らしげに語る級友が複数いて、正直苦々しい思いをしたことがある。

「女版野郎ども」の魅力

フェミニズム運動に関わって感じたこと、それはこの界隈で使われる言語のむなしさと無味乾燥さだ。例えば「男女共同参画」「人権」「平等」などなどである。これらはお上が用いる味気ない官製用語である。これら用語をフェミニストの多くはいまなお使っている。こんな単語を用いたらふつうの女性に「女性蔑視の問題性」といっても、届くことはないだろう。これら用語は女性の地位向上に貢献するものではない。単なる研究の材料になるだけである。

教員生活の中で私が接した「女阪野郎ども」は、勉強嫌いで粗野である。そこには、それまでの学校生活や家庭で受けた痛みや苦しさ、辛さ、理不尽な扱いに対する怒りが根底にあると私は考える。彼女たちはその気持ちを生身の人間の言葉や態度で表現し、肉体そのものでぶつかってくるのである。初めて遭遇した時は驚いた。だが、付き合いが深まるにつれ、そこに込められた怒り、苦しめられてきたものから脱出したい、そういった気持ちがわかるようになってきた。と同時に彼女たちの言葉と態度、エネルギーに強烈な新鮮さを感じたのである。

私は長らくフェミニストを自認していた。資本主義社会に男と同時に参入し、男と同等の権利と賃金を獲得したいと願っていた。だが、「女阪野郎ども」と接することによって、そんな自分の考えに賛同できなくなった。女性差別を少しでも解消させるのは高学歴女性ではない、と思うようになった。むしろ、「女阪野郎ども」の持つエネルギーの中に、男社会をぶっ飛ばす何かがあるのではないかと思うようになったからである。

教員としての私と彼女たちの付き合いは、たった一コマの授業をそれぞれ一年間受け持っただけである。にもかかわらず、彼女らが卒業してからも二七年間、関係が続いてきた。しかしなぜ、「女阪野郎ども」とそんなに長く付き合ってこられたのだろうか？　聞き取りの当初、この疑問を元女子高生にぶつけた。答えはいたってシンプルだった。

「センセイが普通の先生と違って、どんな生徒の話でも聞いてくれたからだよ」

「私たちの理解者、アドバイザーだったからだよ」

もっとも教養が低いといわれ、もっとも虐げられた底辺校の「女版野郎ども」に、私は精神のもっとも緻密で豊かな感情、まごころのあることを知った。彼女たちのような人間像をそれまで経験したことがなかった。彼女たちが見せる、自分や友だちに対する驚くほど深い理解に、閉ざされていた心の目がひらいた思いをすることがしばしばあった。もちろん逆のこともある。衝動的な行動に叩きのめされたこともあった。それでも私は、どこまでも彼女たちの話に耳を傾けたいと思ったのである。「女版野郎ども」と私との相互関係が長い付き合いを創り出したのである。

のちに述べるように「女版野郎ども」はいざとなった時、人生で困難に出会った時、絶望したりしない。ニヒリズムに陥ることなく、空虚な幻想を持つのでもなく、それを乗り越えるためまずは経済力を身につけるのである。もともと絶望的位置にいる、これより下はないと思っているからかもしれないが、彼女たちはしぶとく、したたかである。「女版野郎ども」、あるいはヤンキーと呼ばれる女子高生と付き合う中で、私のほうが希望を与えられたこともあった。彼女たちの存在と生き様は決してフィクションではない。まぎれもない現実だ。

まずは、私の出会った女子高生を紹介しつつ「女版野郎ども」の世界に入っていきたいと思う。

集団宿泊訓練

一九八〇年代初め、私は第2章で述べるH女子高校とは別の高校にいた。この高校は女子ばかりの家政科と男女混合クラスの商業科が併設されていた。私は家政科クラスの担任だった。そのクラスの女子生徒が起こした、ある事件を取り上げたい。この事件がきっかけで、私がそれまで抱いていた「よい生徒像」が、確実に変わっていったからだ。

それは教員になって数年が経った頃のことだった。ちなみに県立高校では新規採用教員を対象にした初任者研修が、採用年度に十数回行われる。この研修は現在もあり、その回数は年々増えているという。宿泊を伴う研修もあり、そこで教員としての心構えを教え込まれる。それやこれやの中で教員としての本分を無意識のうちに身体化していくのである。かくいう私も「本分」を身体化した一人だった。

当時、高校の新一年生には入学の三か月後、二泊三日の集団宿泊訓練が義務付けられていた。県の教育委員会が指定する宿泊施設で全学年二〇〇人余りの生徒は寝食を共にし、高校生活の規律を学ぶ。宿泊施設に着くと生徒はグラウンドに整列して入所式をする。そこで施設の職員から三日間過ごす間の注意事項を聞く。

話の最中に、上下ともグレーのトレーナーを着た男子生徒ばかりの一群が入ってきた。二〇〇人余りと思えるその一群は羊の群れのようにおとなしく、下を向いていて、どこか無機的な感じがした。彼らは隣の県の工業高校の生徒だと聞いた。両校が隣り合わせに整列した時、どちらの学校の生徒も押し黙ったままで、口を開く者も騒ぐ者もいなかった。

入所式が終わるとクラスごとに宿舎に入る。宿泊棟は平屋で、なだらかな丘陵の斜面に直角に一〇棟ほど、一〇メートルくらいの間隔で並んでいた。施設の職員がクラスごとにベッドに置かれた夜具一式の置き方、清掃の仕方などを実演しながら指導する。宿舎はただ寝るためだけの場所で、何の飾りもない部屋だった。初夏の季節で、窓はいっぱいに開け放たれていた。ふと窓越しに下を見ると工業高校の男子生徒が入所した棟が見えた。その部屋の窓もいっぱいに開けられ、数人の男子生徒が窓越しにこちらを見て手を振っていた。私の担任クラスの生徒はそれに応えるかのように小さく手を振り返していた。

二日目の日程が終わり明日は帰宅という夜、生徒が寝静まったのを確認して私は管理人室に戻り横になった。夜中の二時過ぎだった。管理人室の窓ガラスをたたく音と懐中電灯の光で起こされた。慌てて飛び起き外に出ると見知らぬ男性が二人、懐中電灯を手にして立っていた。

「お宅の生徒さんが私どもの生徒の部屋に入っています。連れに来てください」

一人がそう言い、私を自分たちの棟に連れていった。宿泊棟に着くと、男性教員が入口近くの部屋に入り、私を手招きした。ベッドが並ぶだけのその部屋は薄暗く、男性教員は懐中電灯で真ん中あたりのベッドを照らした。ベッドの下をのぞくと、私が担任するクラスの生徒が数人、うずくまっているのが見えた。その隣のベッドの下には別のクラスの何人かの女子生徒が見えた。このような行為を全く想定していなかった私は、すっかり頭に血が上ってしまった。とっさに「教員たるもの、逸脱行為を見逃してはならない、生徒を叱るべきである」と判断したのである。

初めて生徒を殴る

「全員この部屋から出なさい！」

それだけ言うと、私は男性教員に詫びを入れた。

「夜中に見回りをしていたんです。そしたらお宅の女子生徒が本校の生徒の部屋に潜り込んでいましてね」

男性教員は憮然として言った。私が寝ていた管理室はこの学校の宿泊棟に一番近かった。だから私が起こされたらしい。侵入した生徒は八人だった。私は彼女たちを促して引き上げた。他の生徒も、隣のクラスの担任も事件を知らずに寝ている。私は「侵入者」を屋外に一列に立たせ、なぜ、どうやって他校の宿泊棟に入ったのかを聞いた。すでに短い夏の夜が白々と明けかかっていた。

どの生徒も一様にしおれた様子だったが、半分は開き直ったようなふてくされた顔でもあった。

学校で見る限りどの子も「よい生徒」だ。一人が口を開いた
「私たちが寝ようとした時、下の棟が明るくなったので窓を開けてみました。下の宿泊棟の窓から何人かの男子が懐中電灯を振って、こっちに来なよ、という合図をしたんです。だから行ったんです」

「私たちが窓の下まで行ったら、引っ張り上げて中に入れてくれました」

他の生徒たちは一様にうなずいた。

「おいで、と言われたら〝はい行きます〟と誰にでもついていくの?」

意地悪くそう言った後、私は思わず腕を振り上げ、彼女たちの横っ面を平手で一人ずつ殴っていた。愛の鞭でも瞬間的接触でもない。腹立たしくて殴ったのだ。誰も抵抗せず、何も言わず、殴られるままに立っていた。全員を殴り終わったところに生徒指導教員がやってきて「この子たちを学校に連れて帰り、しかるべき指導をします」と彼女らを連れていった。

生徒たちは痛かったと思う。八人を殴った私の手もしびれたように痛かった。

学校を疑う

この件でわかったことは、学校の限られた時間と空間で、教員という立場の人間が生徒と信頼

関係を作るのは難しいということだ。その頃の私は「生徒はクラス担任の信頼にこたえるもの」という幻想を抱いていたし「教員と生徒は上下関係にある」と思い込んでいた。人間関係を上下で捉えたら信頼関係を築くことは困難である、という思いに至らなかったのである。

教員のなかには生徒との面倒な関係作りなど考えず、ただ任務を忠実にこなすだけの人もいる。私はそこまでドライな性分ではなかったので、この事件はとてもこたえた。

「事件」を起こしたのは一五、六歳の少女だ。それほど深い思慮があってやったわけではない、ちょっとした出来心と好奇心に過ぎないだろう。彼女たちの行動は異性に対する興味、関心がもとになっている。生徒の行動を冷静に考え、分析できるまでには、相当時間がかかった。

当時、私は女子高生とは無垢で従順、純情な存在、という偏見、というか固定観念を持っていた。無垢な生徒を殴った以上、彼女たちに信用されなくなると思った。一方で「職務を忠実に果たしただけ」という気持ちもあった。ものも言わずに生徒を殴ったのだから信用されなくて当然だという思いもあった。それからは、生徒から信頼される教員になるにはどうしたらよいか、という問いにずっと付きまとわれるようになった。

その頃出版された、教育について書かれた本を、あれこれ読んでみた。

佐々木賢は著書『学校を疑う』（三一書房　一九八四）で、「教育とは良悪ではなく、教育そのものを疑うといった次元の問題に変える必要がある」との立場に立って、次のように書いている。

「教育を否定すると現実に就職できないし、そのうえ若者たちがほかにやることがない」「教育とは止むに止まれぬ大人の欲求である」

また、生徒と接するには「相手の存在を認め、尊重することである」とも書いている。

さらに「いま、一定レベルの高校は青少年収容所という重要な役割を担っている」と述べ、高校に、教育の場とは異なる役割を提示している。

「学校を疑う」「教育を疑う」など、「疑う」姿勢に基づいた学校論、教育論は新鮮だった。この考え方に共感したとき、教育活動をもっと客観的に、ニュートラルに見直さなければ実態把握はできないと感じた。さらに私が抱いていたそれまでの「よい生徒」像を考え直す糸口を作ってくれた。

これらの議論とは別に、この事件で痛切に感じたもっとも重要なことは、女子高生とはどのような存在か、という問いが生じたことだった。大人になりきらない、しかしすでに少女ではない、そして大人の女性に憧れる年齢の女性。彼女たちをどう見るか。

「女子高生とは性的存在である」

これが女子高生を表すのに最もふさわしい定義だと私は思う。

彼女たち自身は「性的存在」であることに無意識かもしれない。しかし、無意識ではあっても気持ちのどこかで、そして体のどこかでこのことを感じているに違いなかった。

これ以降、女子高生に対する私の「よい生徒」像は変わっていった。

生徒は制服が好き

「性的存在」に次ぐ女子高生の特徴として、制服にこだわることがある。

この後述べるH女子高校に私は八年間勤務した。この高校の制服はセーラー服だった。セーラー服の場合、初夏を迎え急に暑くなっても上着を脱ぐわけにはいかない。寒くなった時も、ブレザーならブラウスの上にセーターを着ることができるが、セーラー服だと重ね着は窮屈だ。機能的に劣った服装ともいえる。セーラー服の原型は海軍の水兵の制服だといわれる。

九〇年代に入った頃、H女子高校の教員の間で「他の学校に先駆けて私服にしたらどうか」という意見が出た。しかし制服をやめ私服にするには学校として相当な覚悟がいる。

ある教員がこの意見を職員会議で出した時、校長は次のように言った。

「私服はもっともな意見だ。だが、この地域で本校が占める位置は決して高くない。むしろ生徒は実際以上に低く見られている。最初に私服化するならR高校のような進学校ならよいだろう。地域の人も生徒も〝あの学校なら〟と承認するだろう。わが校の場合、反対に非難の的にならないとは言えない」

「底辺校」の私服化は時期尚早、分相応な時期にされるべきというわけで、校長の意見がそのまま採用、実施された。これが地域の人たちのH女子高校への眼差しであり、地域に根付く学校としてそれに従うのがよいとされたのだった。

世間の規範、彼女たちの流儀

一方で生徒の意見はどうか、アンケートを行った。調査の結果、彼女たちも私服には消極的なことがわかった。私服化に反対するいちばん大きな理由は「毎朝どの服を着ていったらよいのか考えるのが大変」というもの。女子高生は意外と変化を望まない、保守的なところがある。セーラー服に愛着があるのも事実だ。結局、セーラー服に代わる新たな制服として、ブレザーとプリーツスカートを採用することになった。制服を作る何社かが候補に挙げられ、そこからカタログを取り寄せて担当教員が選ぶのだ。

毎日決められた服を着ることを受け入れながら、女子高生は独特なオシャレの仕方をする。一つは制服そのものを加工するやり方。例えばスカートの裾を切って、短いスカートに改造する方法がある。かつてはロングスカートが流行ったが、その頃はハラハラするほど短いスカートが流行っていた。ロングスカートと短いスカートとは九〇年をはさんで、ほぼ交代するように流行りだしていた。あとは制服以外の部分、例えば特に髪型、髪の色を変える、髪につけるアクセサリーにこだわる方法だ。髪をストレートにし、時にはワンレングス（前髪も後ろと同じ長さにするスタイル）にし、髪飾りにこだわり、ピアスを付ける、マニキュアをするなどだ。

ある年の期末試験で、私は試験監督として教室の隅々を見て回っていた。一番後ろにいた生徒の髪はかなり長かった。彼女はワンレングスの前髪を上げ、それを後ろ髪といっしょに束ねバレッタ（髪留め）で留めていた。私はそのバレッタに一瞬、釘付けになった。というのも、そのバレッタは（たぶんイミテーションだと思うが）真珠が三列、横にびっしりと並べられ、真珠の周りは細工を施した金属で取り囲んだものだったからだ。イミテーションだとしても、女子高生が買うには高価な代物に見えた。おそらく誰か大人が彼女に買って与えたものではないだろうかと想像した。それを彼女は誇らしげに学校につけてきている。制服はみんなと同じ、だけどこの髪留めは誰もしていない自分だけの高価できれいな代物、という風情だった。他の子にできないオシャレを誇らしくする、これが女子高生のオシャレの流儀であった。

踊り狂う生徒

女子高生の行動でとても驚いた光景がある。

ある年の七月、蒸し暑い夕方のこと。私は所用を思い出し、校舎四階の奥にある被服製作室に行った。生徒はすでに下校し、どの教室もがらんとしていた。ところが一番奥の教室に近づいた時、中から音楽が聞こえてくるのだ。それはジャズでもスイングでもレゲエでもなく、とにかく私にはあまりなじみのない音楽だった。五センチほど引き戸を開けて覗いてみると、制服姿の三人の生徒が音楽に合わせて身体をゆするように動かしていた。広い被服制作室の一角にラジカセが置かれ、そこから音量いっぱいの音楽が流れていた。

三人のうち二人は知っている生徒だった。どの生徒も自分の世界に没頭していて、私に見られていることにまるで気づいていなかった。思い思いに、わけもなく意味もなく、ただそうしたいから狂うように体を動かしているようだった。でたらめに、不規則に、激しく身体を前後にゆすったり、わざと髪を振り乱したり、腕を振り上げ、振り下ろしたり、時には椅子や机を蹴ったりひっくり返したり、足を踏み鳴らしたり、持っているパンフレットのようなものを丸めて壁や黒板やカーテンにたたきつけたりしていた。言葉になっていない大声でわめき散らし、ただただ踊り狂っていた。

いったい何が起こっているのかわからず、私は数分の間見とれていた。

狂っているわけではなく、闇雲に暴れているのでもない。彼女らのからだから、有り余ったエネルギーが噴き出し、ほとばしるのが目に見えるように感じられた。もだえるような個性のかたまりを吐き出しているようにも思えた。何かわからないものに取りつかれ、貶められ、見下され、ぞんざいに扱われ、がんじがらめにされている、その目に見えない鎖を断ち切ろうとしているようにも思えた。自分をいま、ここで解放してやりたい、その思いに忠実に従っているようだった。

人気のない教室で思いっきり自己を解放していた。

とても話しかける気になれず、私はそっとドアを閉めてその場を立ち去った。

十数年後、彼女たちのクラス会に参加したときのこと。踊り狂っていたメンバーの一人が来ていたので、私はいまさらながら「あれはいったいなんだったの？」と聞いた。彼女はひどく驚いた顔をしてこう言った。

「センセイ見ていたんですか？　だったら被服室に入って一緒に踊ればよかったのに。センセイならみんな歓迎しましたよ。あれはヒップホップという音楽です。あの頃はみんないかれていました。ラジカセは体育の授業で使ったものを黙って持ってきたんです。被服室だけじゃなくて体育館の裏側とか三階のバルコニーとか、人気のないところを選んで、時々やっていました。でたらめに踊ることが気持ちよかった。その世界に酔っていたんです」

「一緒に踊れば」と言われても、到底一緒にできるものではない。「女叛野郎ども」独特のオーラが充満していて近寄りがたかったからだ。だが「一緒に踊れば」という言葉には、あのときすでに私を教員とみなしていなかったという含みが感じられ、正直嬉しかった。しかし当時は、彼女らと私の間には超えることのできない一線があった。私にはわからない音楽だったということを抜きにしても、教員と生徒という一線が、一緒に踊ることを私に禁じていたのである。

第2章　管理教育の行方

「オン・ザ・眉毛」

第1章で述べた「集団宿泊訓練事件」のあった高校の次に赴任したのがH女子高校だった。勤務したのは一九八〇年代半ばから九〇年代の半ばまで。この学校は管理教育で有名というわさがあった。八〇年代初めまで荒れる学校はあちこちにあって、どこそこでは教室の窓ガラスが割られ、便器が壊され、バイクが廊下を走っていたという話をよく聞いた。こうした状況を抑え込むために徹底した生徒管理が行われるようになった。当時のH女子高の名物（?）は厳密な生徒指導マニュアルに則ったきめ細かな服装検査であった。

四月、初出勤した朝の始業式。体育館にはすでに二、三年生が整列していたのだが、五〇〇人余りの女子生徒がきちっと並んでいることにまず驚いた。全員が黒のセーラー服、黒い髪、白いソックス姿で、無駄口をきく者は一人もいない。それまでいた高校はいわゆる底辺校ではなかったが、一堂に生徒が集まると、少なくとも何十人かは髪を茶色や金色近くに染めたり、赤やブルー、茶色などとりどりのソックスをはいていたり、おしゃべりが酷いという具合だった。だから、全身を白と黒に統一された生徒が黙って並ぶ光景は異様であった。

午後は新一年生の入学式で、式が終わると服装検査が始まった。

服装検査はこの学校独自の方式があった。真剣そのもので検査をする教員の姿に、私は衝撃を受けた。手順として、一つの教室に姿見が持ち込まれ、長机にハサミ、爪切り、ネイル落とし用のコットンと除光液が並べられる。一方の壁には床上三〇〜四〇センチのところに横に一筋白い線が引かれる。生徒指導担当の教員（私も担当の一員だった）は鏡の前や机など持ち場につき、クラスごと出席番号順に生徒を呼び入れる。

「オン・ザ・眉毛」という言葉をそこで初めて聞いた。当時、H女子高で最も力を入れていたのがこの指導だった。頭髪を染める、パーマをかけるなどはもってのほか。髪が肩についたら黒か紺か茶色いずれかのヘアゴムで縛る。これ以外の色は校則違反。髪にウエーブがかかっている生徒は事前に「パーマではなく天然のものである」と自己申告する。これらをチェックしたあとが肝心なのだ。生徒は指導担当の前に立ち、顔をまっすぐあげる。教員は生徒の前髪が眉毛にかかっていないか、顔全体がちゃんと見えるかどうかを確認する。髪の毛が一筋でも額にかかっていたらこの関門は通過できない。教員は生徒にハサミを持たせ、姿見の前に立たせ、眉毛よりも一センチくらい上まで前髪を切らせる。教員が切るのではない。自分で切らせる。つまり自主的に髪を切ったことにする。

髪の形や色、長さは人権に関わる。髪の毛をその人の気に入ったようにするのは、その人の人格尊重につながるもっとも初歩的なことだ。「なにも女の子に丸刈りを要求しているわけでなく、眉毛が見えているのも生徒らしくていいじゃない」と、ある保護者から言われたことがある。だが、思春期の女性にとって前髪を切らされるのは、小学校低学年の髪型のようで、屈辱的だ。彼女たちに限らず女性が朝、登校や出勤前に一番時間をかけるのが髪型だと思う。早起きして朝シャンをしてでもきれいな髪にしたい、髪型が決まるとその日一日がハッピーでいられる。だから「オン・ザ・眉毛」は彼女たちにとって泣くほど嫌な髪形である。ハサミを持たされ、鏡の前に立たされ、不本意な形に切るのは絶対に拒否したい。実際、彼女たちは潔く切ろうとはしない。教員は終始冷静に、切るように促す。生徒が泣き始めても何分でも粘り強く待つ。そして、こう言って諭すのだ。

「眉毛までちゃんと見える、顔全体がすっかり見えるようにするのはこの後、顔写真を撮って生徒手帳に貼るためだ。生徒手帳は君の身分証明書だからね」

マニキュアをしていればその場で落とさせ、爪を伸ばしていたら自分で切らせる。次は壁際に沿って歩かせ、スカート丈が壁に引いてある白線との寸法の差を見る。白線よりも一〇センチ以上長くても短くても校則違反。ひざ下一〇センチが標準で、その長さにスカート丈を直させる。制服はプリーツスカートなので、裾丈を変えるのは技術がいる。それ専門の業者に頼むこともある。

ネコがゴキブリをいたぶるような（うちのネコがこれに当たる）このやり方は、たぶん「野郎ども」のような男子高生には通用しないだろう。反対に教員が生徒に殴られるのがオチだ。一七、一八歳の男子高校生が力づくで逆らったら、二〇代の男性教員でもそうそう勝てない。前任校の体育祭で、教員対生徒の徒競走があったが、必ず男子生徒のチームが勝った。女子だけの集団であるのをいいことに、いたぶるような「指導」をする。力のある男が力の弱い女子生徒を権力と腕力で支配する。これは女子高における教員の特権であり、もしかしたら教員の嗜癖なのかもしれない。

外見が大事

H女子高ではいったいなぜ、こんな労力を使ってまで服装指導を行ったのか。

理由は簡単だ。ここには「外装成っておのずと内装熟す」という言葉が、「南無阿弥陀仏」のように人口に膾炙していたからだ。つまり外見が整っていれば、内面も自然とよくなるという、誰が言い始めたのかわからない指導理念があるからだった。「服装の乱れは、心の乱れ」ともいう。

服装検査で生徒を管理した結果、外見が画一的になれば地域の人の見方も変わり、就職にも有利だ、と。しかしそればかりではない。女子生徒はかくあるべしというポリシーを生徒に押し付け自分好みの女子生徒、つまりは学校に逆らわず、控えめでそつなく気遣いのできる女に仕立てたいという欲望が校長にあったのだ、と思う。相手が女子生徒だからこそできるこのやり方は、白無垢を着た嫁に自分好みの色を付けるという、古めかしい慣習を思い起こさせる。

思春期の生徒と向き合うとき、もっとも大事なのはその生徒の内面世界がどうであるかを把握することだ。このことは私がH女子高に転勤する前までの教員生活でようやく体得したことだった。生徒が何を考えているのか、どうしたいのか、何に躓いているのかを把握するのが教員の仕事といってよい。H女子高の教員の多くはこれを無視していた。というより、彼女たちに内面世界があることがわかっていなかったのではないだろうか。あるいは、生徒に内面世界があり、それが学校の指導によって酷く荒れたものになっていることを知ったとき、どう対応したらよいかわからない、知ることそのものが怖かったのかもしれない。

教員の側に立てば、校長の言ったとおりにしなければならない事情がある。校内の人事、校外の転勤にかかわるからだ。人事は教員にとって一番の関心事である。校内の人事権は校長にある（教頭も担っている）。主体は県教委だが、彼ら二人の思いで教員の転勤先を決めることもできる。校長の人事権は学校という世界においてスペードのエースだ。平素から校長に従わなければ、思いもよらないところに移動させられるかもしれない。だからH女子高の教員は、それが生徒をいじめることだとわかっていても外装を整える検査をしなければならない。「こんな検査はナンセンスだ」「人権無視だ」などと言ったら、教員集団から村八分にされ、誰とも口をきいてもらえなくなるうえ、学校内の分掌からも外され、窓際に移されるという屈辱的な扱いを受け、どこにも行き場がなくなる。

この日、服装検査が終了したのは八時をすっかり回った頃だった。

教員は何も言わず、絶対に検査を拒否せず黙々と「職務」を遂行していた。誰も批判しないのは、このやり方で非行が防げると本当に思っているからかもしれない。従順な生徒を作ることが重要だと思っているのかもしれない。だが、最も大きな理由は、自分がかわいいからだ。管理職に逆らわずに、体制側、学校側につく。おかしな規則だと思ってもそれを変えようとはせず、規則を正当化、絶対化して生徒に守らせる。それもこれも保身のためだ。

無断バイトにはビンタ

私のH女子高での一日目はこうして過ぎていった。このジメッとした、陰鬱でいつも何かに怯えているような雰囲気の中で仕事をするのかと思うと、正直のところ憂鬱だった。だが仕事は続けたい、お金は稼ぎたい。私はなるべく目立たぬように、渦中に巻き込まれないように、できればくだらない検査を割り当てられないように日々を過ごした。帰宅時間になると、少しでも心が通じる教員と一日が無事に終わったことを確認しあったものだ。

それは二学期が始まってひと月ほどたった日のことだった。職員室の自分の席の隣に丸山さん（仮名）という中年の教員がいるのに気がついた。毎朝そこに座っていたのに、挨拶もしていなかった、それほど人間関係がお粗末な学校だったのだ。その時初めて中年男性の顔を見た。お人好しな感じで、飼いならせばヤギのようになるだろうと思った。丸山さんは私に向かって「やあ」と人懐こく笑うと、いきなりこう言った。

「俺はメモ魔でね。今日一日の出来事を毎日メモしているんだよ」

彼は、私にとってこの学校で自分のことをしゃべる初めての教員だった。丸山さんは続けて言った。

「いつも机の引き出しにカメラを入れておいて、シャッターチャンスだというときにいつでも取り出せるようにしている。文字と映像で記録しているというわけだ」

彼は高教組（高等学校教職員組合）の組合員だった。当時、管理教育が厳しい学校ほど高教組加盟率は低かった。私も入っていたが三年半でやめた。もっとリベラルな集団かと思っていたら、そんなことはなかったからだ。

私の思惑を無視して丸山さんはこう言った。

「あなたは俺が巻き込まれた、殴打事件、知っているかい？」

「去年だったか、教員が教員に殴られたというあの事件ですか？」

「そうだ。同僚の教員に殴られるなんてまったく情けないが、新聞に何回か出たから目にしたことはあるでしょう。殴られた教員というのが俺なんだよ」

この人だったのかと私は妙に合点した。彼は続けて言った。

「忘れもしない、俺がこの高校に着任したその年の九月三〇日だった。俺を殴った教員は三月の転勤で動いたからもういないけどね」

と言って一枚のモノクロの写真を見せた。

「ここにセーラー服の女子生徒が床に正座をして写っているでしょう。この生徒の指導を巡って事件は起きたんだよ。この写真はその時撮れた唯一のものだ」

聞けば、R子というその生徒が無断アルバイトをしているところをS教諭という生徒指導担当に見つかった。その夜、R子から丸山宅に電話があり「バイトが見つかったから、明日Sにきっと呼ばれて殴られる。何とかして！」と悲痛な声で訴えたというのだ。

「無断アルバイトって何をしていたんですか？」

「S町にショッピングモールがあるでしょう。そこでアイスクリームを売るバイトだよ」

そもそもH女子校では夏か冬の長い休み以外、アルバイトは禁止、つまり校則違反だ。S教諭は空手部の顧問で有段者だという。ちなみにH女子高の空手部はインターハイに出場したこともある。

「こいつの暴力指導は酷いなんてもんじゃない。女子生徒の髪を掴んで怒声を上げながらビンタをくれる。それを昼休みの職員室で見世物みたいにやるんだよ」

そんなS教諭に対抗できるいいアイディアが浮かんだわけではなかったが、「大丈夫だよ。暴力は振るわせないから」と丸山さんはR子に答えた。当日思いついたのがこのカメラだ。S教諭の暴力指導を、カメラを構えていることがわかるようにして、暴力を抑止しようと考えたのだ。

「誰にも見せてないけど、一枚だけ現場写真が撮れた、これを見せたのはあんたが初めてだよ」

彼は「この学校では意見をはっきり言う教員なんかいないよ。だけど、あんたは聞いてくれそうな感じだったからね」と付け加えた。

教員が教員を殴る

よほど心の中身を打ち明けたかったのだろう。それから小一時間、私は丸山さんの話を聞くことになった。

その日、丸山さんはいつR子が呼び出されても対応できるように心の準備はしておいた。予想通り昼休み、S教諭は全校放送を入れた。「放送する。〇〇（生徒の名前）、至急職員室へ来い」。名前は呼び捨て、ぶっきらぼうな口調だ。R子はすぐにやって来た。窓際のS教諭の席で詰問が始まった。すると立っていた姿が突然見えなくなった。正座させられているなと直感した丸山さんは引き出しからカメラをとりだし、そうっとS教諭の席に近づいた。R子はやはりS教諭の椅子の下で正座してうつむいていた。返事がないのに怒ったのか、声が大きくなった。放っておくとケリが入り、髪が掴まれ、ビンタが入ることが予想された。殴られる前にS教諭の注意を自分のほうに引き付けようと、カメラを構えていることがわかるように近づいた。それに気付いたS教諭は「なんだ！　貴様」と怒鳴りながら丸山さんに近づいてきた。

丸山さんは「写真に撮られて困るような指導はするな」と言いながら、もう一度カメラを構えた。その瞬間S教諭の腕が伸びて、みぞおちを襲った。丸山さんのからだは窓際の壁に当たり、へたり込んでしまった。誰かに後ろから抱え上げられ、S教諭と口論になった。

丸山さんは暴力に対して抗議をしたが、S教諭も興奮していたので、何を言い合ったかははっきり覚えていない。周りにいた教師たちが、生徒たちの目に触れないよう二人を引き離した。

事件があってから、丸山さんは事の重大さから高教組H女子高校分会（以下、分会と記述）の教員に報告し、分会会議をもってもらった。

「分会員はみんな仲間だ。事がどう展開するかわからないので、すぐ医者に診てもらい診断書を書いてもらっておくべきだ、ということになった。医者に書いてもらった診断書がこれだ」。そこには「右腹部殴打痛　三日間の加療を要す」と書かれていた。

もみ消された事実

事件の詳細を聞きながら、彼が受けた痛みと屈辱は学校という閉ざされた世界にいないとわからないと思った。その後の学校側の対応をかいつまんで記すと次のようだ。それは理不尽できわめてアンフェアなものだった。

丸山さんはそのまま自宅に帰り、分会長に診断結果を報告したところ「職員室の雰囲気が悪い。診断書の通り休んだほうがいい」と助言を受けた。診断書は分会から校長に提出してもらった。その際分会は、暴力行為の真相を究明し、責任の所在を追求するよう要望した。

夕方、教頭が丸山さんの家に行き「私の監督不行き届きで申し訳ありません」と謝ったうえで「血尿は出ませんでしたか」と聞いた。殴られた時、彼を抱えたのはこの教頭だった。血尿を持ち出したということは、教頭は彼が殴られたのは事実だと断定している証拠だ。ところが、この事実はいつの間にか「嘘」「殴っていない」にすり替わっていった。

二日後、朝日新聞から取材の申し込みがあった。記事の見出しは「空手教師同僚殴る。生徒指導のあり方めぐり」となっていた。この記事は真実に近い。だが記事が出たことで職員室の雰囲気がさらに悪くなっていった。分会員のA教諭から「身の安全のために、もう一日休んだほうがいい」と電話があった。この日、緊急職員会議が行われた。丸山さんは出席していない。会議は新聞記事と丸山さんへの攻撃の場となった。

ある教員は「新聞記事は意図的。S先生は冷静に対応しており、私は殴ったところを見ていない。殴っていないと思う」と発言した。別の教員は「私は現場の一番近くにいた。そこで見たことと新聞記事とでは一〇か所の誤りがある。いい加減な記事を載せた朝日新聞を責めたい」と発言している。校長は「殴った事実があると言っているのは、丸山先生ともう一人の先生だけだ。握りつぶすつもりはないがとことんやれば最後は裁判までやらなければならない。S先生の名誉はどうなるのか」と発言。しかも「写真を撮るのも暴力のうちだ」とまで言っている。

続いて生徒集会が開かれた。そこで校長は生徒に緘口令を敷いた。さらに「管理主義教育そのものを変えるつもりはない」とも言った。生徒指導課長は「無断アルバイトをしたR子は反省が足りない。このままでは社会に出たとき困るから無期謹慎を延長する」と言った。バイトごときで、である。

事件はひと月たってもふた月たっても収束せず、とうとう年を越した。年明けの二月に書いたという丸山さんのメモは次のようだ。

「生徒指導課長の発言。〝丸山教諭の行動が生徒に与えた影響は大きい。彼を処分せよ〟。校長は最初から〝殴打の事実はない、謝る必要もない〟という姿勢」

丸山さんとS教諭の意見は平行線を辿り、それどころかある時期から、S教諭は「殴っていない」と発言を転換させた。校長の信任があるS教諭と、高教組だけが味方の丸山さんでは、丸山さんのほうが分が悪い。

事件直後、教頭が「血尿は出ましたか」と聞いて謝った。それなのにS教諭は「殴ってない」と言い始めた。二人の間で和解がないまま、年度末の三月になって、S教諭は異動した。これで話は終了となった。なんとも煮え切らない結末である。

黒を白と言いくるめるやり口。学校というところは嘘をついてまで体制維持を図り、それによって学校組織を守る場なのだ。学校の権威を維持するために生徒と少数者を抑圧することを厭わない。

このような状況下でも「服装検査の結果、地域での生徒の評判がよくなった」と生徒指導課長は胸を張る。学校内でこれに異論を唱え「管理教育はよくない」などおくびにも出せない空気が作り出される。この空気が「暴力はなかった」という嘘を本当にしてしまい、丸山さんは体制維持の犠牲になった。これで本件はうやむやのまま収束した。

「指導」で非行防止する

H女子高の管理教育は八〇年代末まで続いた。私が当校に勤務してからの三年間に当たる。校門検査が行われ、その都度どこを重点的にチェックするかが決められた。たとえば、ある日は通学用のカバンと靴を検査する。通学カバンは黒の革鞄、靴は黒色か白色の靴と決められていた。これらの検査は登校時に校門で行われるが、そのほか学年ごとの一斉カバン検査もあった。ある時、二学年の一斉検査でリュックや布製のバックを持参した生徒が五〇余名いた。彼女たちは全員正座させられ、教員は彼女たちをカバンで思い切り殴った。往復ビンタというときもあった。

なぜ学生カバンごときでビンタを食らわなければならないのか、生徒自身納得がいくものではない。想像するに教員とは、いったん決めたことを生徒全員に徹底させなければ気が済まないというメンタルが作られる職業なのかもしれない。セーラー服もだが、通学用カバンも機能的ではない。教科書とノートは入るが、それ以外の辞書や参考書、体育着、弁当箱などは入らない。

ある日、登校時に生徒指導教員何人かが指導をしていた。そこにかなり大きなリュックを背負ってきた生徒が校門で捕まった。彼女は「私はちゃんとカバンを持っています」とリュックを開けて見せた。驚いたことに中には黒色の学生カバンが入っていた。そのカバンはペタンコで、マチの部分が針金か何かで閉じられ薄くつぶされ、ほとんどものが入らないようになっていた。しかし「学校指定のものを持っている」ことに変わりはない。彼女は「違反ではない」と判定された。なんと不合理で馬鹿げた校則なのだろうか。

職員会議で生徒指導課長が次のように発言したことがある。

「わが校では、三年ほど前までコンパニオンのアルバイトをやっている生徒が多かった。ワゴン車で若い女性を拾い宴会場に送り届けるそうだ。生徒を詰問すると〝宴会の客にライターでタバコの火をつけるだけでお金がもらえる〟と、悪びれずに言っていた。我々はこのような生徒をなくすために昼夜を問わず回って歩いた。その頃の生徒のスカート丈は床を掃除できるくらい長かった。三日間続けて服装検査をやった。生徒も本気で受け止めてくれたのだと思う。いま、わが校の評判は上がってきている。私は自分たちのやり方に自信を持っている」

この自信とはいったいどこから来るのだろうか。

「指導」に抵抗する生徒

H女子校ではアルバイトは原則禁止だった。夏冬の長期休みだけ届け出制で許可される。だが見つからないように日常的にやっている生徒は多く、教員は生徒がバイトをしていそうな店などを見て回っていた。そのほかにも深夜徘徊、バイク二人乗り、無免許運転、万引き、家出、異性交遊などで謹慎処分が繰り返し行われた。罰則として「喫煙は謹慎三日」などと処分が細かく決まっている。謹慎には学校謹慎と家庭謹慎があり、より重いのが家庭謹慎。これを言い渡された生徒は、朝は登校時と同じ時刻に起床し、制服に着替え、自宅の机の前に座り、その日の時間割通りに教科書を読み、ノートを取って一日を過ごさなければならない。教員は本当に決まり通りにやっているか、時折見回りをする。

異性交遊も処分対象。ある時、一年生が他校の男子生徒の家に無断外泊したことが発覚した。その生徒は一週間の家庭謹慎になった。

謹慎中、母親が目を離したすきに彼女は家を抜け出した。生徒指導の担当だった私は、その生徒の自宅に行った。母親はハラハラしながら出迎えてこう言った。

「交際中の男の子の家に行ったのは間違いありません。連れて帰りたいのです。どうか一緒に行ってください」

聞けばその生徒が行った男子生徒の家とは、H女子校のある町から電車を乗り継いで一時間半くらいかかる都市だ。母親の必死の表情に一緒に行くことにした。謹慎中なのに家を抜け出すとはそれほど惹かれる男子なのか、異性交遊が癖になっているかのどちらかだ。

すっかり暗くなった頃、男子生徒の家にたどり着いた。が、そこには生徒二人も、家族もいなかった。私たちは仕方なく帰った。その後、その生徒は家出を繰り返し、結局、退学した。自主退学なので、担任が口頭で職員に報告して終わりとなり、彼女の行動の理由はわからないままだった。

指導に対して、生徒はある程度は素直に、無抵抗に従う。だが、何事にも越えてはいけない一線というのがある。管理教育によって生徒が従順になると、越えてはならない限界に教員は無神経、無頓着になっていく。毎月の服装検査におとなしく自分を抑え、どんな執拗な指導にも耐えていた生徒がある時、急に非行に走ることがある。

私が聞いた例では、厳しい指導を受けた直後、雑貨屋に立ち寄り、数名で一斉に万引きを繰り返したというものがある。酷い指導さえなければ、彼女たちは平穏な高校生活を送ることができたかもしれない。だが、ビンタや殴る蹴るという暴力指導と生徒の万引きとの間に因果関係があるなど立証できない。もちろん万引きは犯罪だ。しかし、一過性のもので、卒業したらやらなくなるという側面もある。

余談であるが、噂として、あまりにもひどい万引きの末、その雑貨屋は店をたたむことを余儀なくされたという。

白いリボン

その年、私が担当したあるクラスに生徒会長がいた。もう少しで衣替えという時期、三年生のそのクラスである議論が起きていた。私が教室に入ると、一人の生徒が質問した。

「学校の規則だと、髪を結ぶリボンは黒、紺、茶のどれかで幅は二センチ以下と決まっているんだけど、先生、知っていますか？」

「そうなの？　知らなかった」

すると別の生徒がなおも聞いた。

「夏に黒や紺のリボンがいいと思う人はそれにすればいい。でも暑苦しいし、白でもいいんじゃないかってみんなで言っていたところなんです」

周囲で「そうだそうだ」という声が起きた。私は授業と関係のない話は終わってからしてと言ったが、生徒たちはお構いなくこう言った。

「なぜ黒が良くて白がダメなの？　だってソックスは白って決めているじゃない。だったらソックスも黒や紺でもいいはずなのに、リボンだけ白はダメというのがわからない」

「そうだそうだ」という声がさらに大きくなった。こんな議論に付き合っていたら、授業ができなくなる。私は仕方なく「だからどうしたいっていうの？」と聞いた。

「衣替えの時から、夏だけでいいから白のリボンを認めるように校則を変えてほしいんです」

また、「そうだそうだ」の声が上がった。

「どうやって変えるの？」と聞くと、生徒は口々に言った。

「もうじきある生徒総会でこの意見を出して、生徒みんなで決めたい」

「リボンがなぜ白じゃあいけないのかみんなで話し合いたい。夏はかえって白のほうが涼しく見えていいと思う子も多いです」

「このクラスには生徒会長がいるから、生徒会長の提案、という方法でやりたい」

「そうだよ、生徒総会で決めればいい」

このとき、生徒会長は何も言わなかった。すると一人が生徒手帳を取り出して読み上げた。

「規則を変えるには生徒の賛成多数じゃないとダメなんだよね。生徒手帳に校則の変更について書いてあるけど、生徒の三分の二の以上の賛成で改正できるって」

「それじゃ、生徒総会で三分の二が賛成するようにみんなに言おうよ」

「先生、この案、うまくいくかな」

私はイエスともノーとも言わず、当たり障りなくこう言った。

「こういう問題で肝心なのは、一人でも多くの生徒が、このことを自分の問題だって思うことなんです。どうだっていいとか、先生や学校任せの生徒が多かったらうまくいかないと思う」

結局、授業は「白いリボン問題」に終始し、丸つぶれになった。生徒総会で誰が発題するか、三分の二の生徒を集めるにはどうしたらよいかなど、話が盛り上がったからだ。

「同じ議論は二年生のクラスでも起きているらしい」と誰かが言い、別の生徒はこう提案した。

「生徒総会で一人の生徒が挙手し、夏に白いリボンを許可してほしいと提案する。それに続いてみんなで〝私も賛成〟と言いながら立ち上がる、というようにみんなで示し合わせたらどうだろう」

それにつけても、なぜ彼女たちは「白いリボン」にこだわったのだろうか。

リボンを必要としないショートカットの生徒が率先してこのことを提案している。なぜその生徒がこのようなことを言い始めたのか。それはおそらく、生徒の心に「学校の規則への不信感と反抗」という思いが臨界点近くまで上がってきていたからだ。入学してからずっと押さえつけられてきた。だけど考えてみればこんな規則はおかしい、拒否したい、と思う生徒が増えたからだ。それが「白いリボン」をきっかけに噴出した。問題がリボンでなくてもいい。それは反抗したい気持ちの道具に過ぎないのだった。

うまくいかなかった生徒総会

当日、生徒総会を覗いてみた。H女子高では、生徒会長を決めるのも、生徒会の運営も、生徒会誌作成も、すべて生徒指導教員の指導、検閲の下に置かれていた。この時の会長も選挙で選ばれたというより、生徒指導担当の教員の意図で決められたといってよかった。

議事が進んで生徒からの発言の段になった時、一人の生徒が挙手し、「白いリボン許可」の提案をした。だが、それに続いて「私も賛成」と声を上げる者も、立ち上がる者もいなかった。みんなそれぞれの場でざわついて、ひそひそ話をするだけだった。ざわつきがしばらく続いたのち、総会を仕切る会長が「では本件は否決します」と宣言し、それで終わりになった。

なぜ賛成者は続かなかったのだろうか。

憶測だが、提案者は三年生だった。あと半年もすれば卒業し、高校とも規則とも関係がなくなる。頑張って規則を変えようと立ち上がれば先生から目を付けられる。どうせ職員会議にかけられ、生徒指導の先生たちにつぶされるに決まっている、と生徒は感じたのだ。万が一許可になっても三年生が卒業してからの実施になる。だったら先生に逆らってまで変えることはない、波風立てずにいたほうが利口、という打算が働いたのだろう。

たかがリボンの色を変えることと引き換えに先生からにらまれたくない。この打算と忖度はまるで政治の一〇代版ではないか。行き過ぎた暴力指導が続いたことで、本心を言わない生徒ばかりになった。生徒会長の本心は、クラスメートの気持ちと同じだろう。だが、生徒指導教員から選ばれたという立場上、否決せざるを得なかったのではないだろうか。

高校時代をくだらない規則に縛られて、暗い気持ちで過ごしてしまった。そんな記憶を消してしまいたいと思う生徒は少なくないはずだ。

生徒が殴られる

生徒総会が終わってそれほど日がたっていないある日、とんでもない事件が起きた。ある教員にT子という三年生の生徒が殴られたのである。T子は学校の規則に反抗していた。反抗というより、ちゃんとした方向に変えたいと、熱心に本気で考えていたと聞く。だから、リボンの件があっけなく否決された時とてもショックだったというのだ。

事件の概要は次のようだ。

T子が殴られたのは授業中で、殴ったのはNという男性教員である。彼は拳骨で生徒の顔面を何度も殴りつけた。頬骨を骨折させるまで殴った。事件を起こしたN教諭は、いわゆる暴力教師ではない。温和で物静かで暴力などとは無縁な、真面目な教員だ。彼は生徒総会が終わった後、その三年生のクラスが荒れて、授業に行くのが苦痛になったと言っていた。授業が始まる前には必ず準備室で飼っている金魚鉢を眺め、気持ちを和ませてから行く、とも聞いていた。

N教諭が担当した時、授業はとても騒がしかった。先生を茶化すとか授業妨害をするわけではない。多くの生徒が教卓のほうを向かず横向きに座ったり、後ろを向いたり、マンガ本を読んだり、音楽を聴いたりしていた。N教諭は最初、「マンガを読むのをやめなさい」「音楽を聴くのをやめなさい」と穏やかに何度も注意した。何人かはそれに従ったが、T子と他の数人は忠告を全く聞かず無視し続けた。そこでN教諭は堪忍袋の緒を切らしてしまった。最もふてくされた態度のT子の席に行くなり、ものも言わずに拳骨で彼女の顔面を何度も殴りつけ始めた。みんなびっくりして、大声で泣きだす子もいた。

「あんなふうに殴りつける男の先生は止めることができなかった」とその時の状況を興奮気味に話す生徒もいた。T子は大けがを負い、すぐに病院に運ばれた。ただちに緊急職員会議が持たれ、事実経過とT子の状態が報告された。彼女は入院、手術をし、その後も長い間休むことになった。

当たり前の校則に変えたい

この事件をきっかけに、生徒の授業中の態度はますますひどくなっていった。生徒の多くが厳しい指導に不満を持っていたからだ。我慢の限界を超え、もうどうにでもなれという態度に変わっていった。もちろん、どんなに規則が厳しくても、学校が提示する価値観に忠実で、学校の言う通りにする生徒はいる。規則を守り、努力すれば成績がよくなり、よい進路が待っていると信じている生徒である。だが、学校のやり方に疑問を持ち、批判的な態度をとる生徒のほうが圧倒的に多くなっていた。

生徒手帳に書かれた通りに手順を踏んで「校則を自分たちの手で変えたい」それも「生徒総会というちゃんとした場で決めたい」という考え方が踏みにじられた。学校という存在を疑わず、居場所をよりよくしたいという主張は、最初から学校によって否定されていたのだ。いったい何を信じていったらよいのかわからなくなるのは当たり前である。

昨今不登校が増加している。不登校という行為は、学校から逃げることだ。しかし彼女たちは逃げていない。真正面からぶつかろうとした。

あの時、みんな規則を変えたいと思っていた、それなのに誰も起立しなかった。生徒会長も先生を忖度して仲間の提案を否認した。それは入学早々から暴力指導によって痛めつけられてきた、嫌な思い出が気持ちの中に鬱積し、自主的な行動を起こす結果がわかっていたからではないだろうか。「ここでリボンのことを言い出したら、また殴られるに決まっている」と。「生徒総会で何を提起しても結局、先生は生徒の決定を無視し、決まったことはどこかに行ってしまう」ことを、彼女たちはわかっていたからではないだろうか。「規則は変えられる」と書かれた生徒手帳は建前に過ぎない、何をしても生徒の言うことは否決されることを知っているからだ。

このことを高校という場で学ばされる、その意義（もちろん負の意義だが）は大きい。

つまり、日本社会の縮図を学校で学んだことになるからだ。生徒総会はこの国の議会の模倣である。市会議員にせよ国会議員にせよ、民主的といわれる選挙で選ばれた議員は国民のためになることなどほとんどしない、と多くの若者は考えている。考えるのは次の選挙でまた選ばれることだけだ、と。

N教諭が生徒を殴ったことは赦されるものではない。しかし、私は彼の怒りはわかる。教員にとって一番嫌なのは、授業妨害よりも授業を無視されることだ。自分の存在価値を無視されることほど嫌なことはない。

授業妨害は生徒が授業を認め、先生の存在を認めたうえでの行為だ。だが、授業無視は教員という存在そのものが無視されていることになる。そこにいる人をいないものと考える。これほど尊厳を傷つけられる行為はない。このことを生徒もわかっていたのではないか。わかっていながら、いや、わかっているからこそ無視した。そうすることよりほかに学校と教員に対する抵抗手段がなかったからである。N教諭はたまたまそのターゲットになった。N教諭は気の毒だ。だが、もしかしたら彼は生徒というもの、人間の心理というものを十分知らなかったのではないだろうか。あるいは学校制度に忠実であろうとし、教育に対する信仰、信念を持ちすぎていたのかもしれない。

殴打事件は、当然ながらひたすら学校側の陳謝に終始した。N教諭は三月の異動で転勤していった。同じ時期に管理教育を主導してきた校長は定年となり、それまで校長を支えていた教員のかなりの人数が異動した。該当する学年の生徒も卒業していった。

この事件をきっかけに、翌年度からH女子高の空気は完全に変わっていった。暴力指導はもちろん、服装検査もなくなった。管理教育にピリオドが打たれたのだ。

生徒は卒業と入学によって三分の一が入れ替わる。それからさらに三年が経つと、この事件を知る生徒はすっかりいなくなった。

その頃から、H女子高では、生徒が授業をさぼる、遅刻する、授業妨害するという反学校的な行動が広がっていった。

第3章　「自由」という苦悩

自由と自由教育

本章のタイトルにある「自由」とは「自由教育」を指していない。日本は１８７２年の学制発布以降、一度も「自由教育」を実施したことがない。一貫して「管理教育」だった。

では一体、何をもって管理教育と呼ぶのだろうか。管理教育とは教育の基本は子どもを管理することにあるという点だ。一定の枠を作りだし、杓子定規に規格を決め、服装、髪型、髪の色などをその枠に収まるよう子どもを造る教育だ。ミシェル・フーコーは管理、教授、訓練が管理教育の三本柱だと述べている。

このうち授業（教授）についていえば、授業を行う際、最も大事なのは文科省が作成した「学習指導要領」である。一般的に教員になる時、これを熟読するなどということはほとんどない。しかし、教科書はすべて準法律である学習指導要領に沿って書かれ、国家検定に合格した教科書しか使ってはいけない、と決められている。

私は二度ほど教科書作成に携わったことがある。教科は「家庭」。教科書検定で重視される教科は日本史と家庭だと聞く。日本史は家永裁判[2]で有名だが、なぜ「家庭」が重視されるのだろう。このマイナーな教科には国家のイデオロギーを担う分野である「家族・家庭」そして「保育」「性教育」などが盛り込まれているからだ。

「家庭」の教科書作成には二〇人以上のスタッフが要る。内容が衣、食、住はじめ消費者教育、福祉、高齢化社会など多岐にわたっているから、それぞれの分野の専門家が現場教員とともに作る。作られた教科書は表紙を付けずに文科省に検定本として提出する。これは白表紙と呼ばれる。文科省は記述内容のチェックを財界、政界、学界などの専門家に依頼する。例えば「家族」の項に事実婚、同性婚などが記述されていないかどうか、指導要領から逸脱していないかを検閲する。これを行うのが誰なのかはわからない。執筆陣のまとめ役に聞いたところ、それは「黒幕」であるらしい。

白表紙の検閲結果は後日、文科省からその旨の通知が来る。教科書会社と執筆者は質素な部屋に呼ばれ、通達を聞く。通達は拝聴するもので、どのような指摘があっても反論はもちろん、弁明、釈明、意見を言ってはいけない。通達は「ごもっともです」と受け入れるだけ。二〇〇数十カ所(正確な数字は忘れてしまった)チェックが入ったら、その時点でアウトだ。アウトになると教科書会社は大きな痛手を受ける。だが、範囲以内のチェックだったら、即座に修正本を作り直し、再提出する。再提出の期限に間に合わなければそこでアウトだ。

国家検定の教科書を使っている国は現在どのくらいあるだろうか、情報があふれる社会でこのシステムは有効だろうか、など、私は多くの疑問を持ちながら作業に携わった。生徒の手に渡る

2　高等学校日本史教科書『新日本史』(三省堂)の執筆者、家永三郎が教科書検定に関して起こした裁判

まで、教科書に載る情報は幾重ものフィルターを通っている。これを管理と言わずしてなんというのだろう。だが、お上にも言い分がある。

「現代は管理社会である。ここの社会のルールに適合しなければ生きづらいし、社会から排除されることだってある。管理によって社会に適合できる人間を作るのが重要だ」と。

お上の言い分もなるほどと思うところがないではない。だとすればかつてH女子高で行われていた厳しい管理、服装や髪型の画一化は、良いか悪いかは別として極めて教育的行為だったといえる。

対する「自由教育」とは、例えばイタリアのモンテッソーリ、ドイツのシュタイナーなどが提唱し実践してきた教育がそれに当たる。基本的に「管理教育」とは真っ向から対立する。シュタイナー教育の研究者、高橋巖は著書で次のように述べている。

「管理教育は、どうしたら人生をよりよい条件で生きることができるかを重んずる。シュタイナー教育は、どうしたら社会をよりよく生きることができるかを考える。ヨーロッパでもアメリカでも日本でも、現代の教育は管理社会に適合できる子どもを作る教育である」（『シュタイナー教育入門　現代日本の教育への提言』　角川選書　一九八四）

本章の「自由」とはシュタイナー教育などの「自由教育」とは関係がない。あくまで文科省の行う「管理教育」の範囲内での「自由」である。生徒の「自由」な言動を反学校文化として捉えていただくのがわかりやすいと思う。

女子高生のイメージ

県立女子高校の多くは、戦前、高等女学校だった。高等女学校と「高等」の文字を入れているのは女子教育でこれが最高学府という意味があったからだ。男子の場合、旧制中学のあとには、大学まで進める道があったのに、女子にはそれがないということでもあった。学問などしなくてよいから早く嫁になりなさいということだ。

県立女子高校（旧高等女学校）を二校見てきてはっきりわかったことがある。家庭科の教員は被服室や調理室を整備、管理する。古い戸棚を開けると、今ではとうに使うことのない編み機や、会席料理を盛り付けるための膳や漆の食器一式などおびただしい備品が出てくる。これらの備品がもつ意味は、高等女学校に地域の主婦養成教育を担うという重要な使命があったこと、それはいまも続いているということだ。H女子高校もその一つだった。

これらの学校は戦後いったん共学になるのだが、すぐに男子生徒の数が減っていき、結局元の女子高校になっていった。八〇年代までは女子高のままが多かったが、九〇年代になると次々と共学に変わっていった。女子高を共学にするのは生徒や教職員、同窓会の要望によるものではなく、ほとんど上から、つまり県教委からのトップダウンによるものだった。いつまでも女子高のまま、つまり共学に乗り遅れた学校は、どんどん底辺校に落ちていった。H女子高もそのうちの一つである。

ある年の新学期、定時制から転勤してきた男性教員が感想を漏らしたことがある。それは始業式が終わった直後のことだった。

「先月まで暗い中を男子が多いところに毎日通っていたからねえ。こんな女子ばかりの学校で、しかも明るいうちに授業ができるなんて夢みたいだよ」

女子高に赴任してくる男性教員の多くが似たような感想をもらす。これを深読みすれば「僕は男尊女卑思想を持っています」というカミングアウトであるといえば穿ちすぎだろうか。いずれにしても、そういう学校環境に来られたことを無邪気に嬉しがっているということだ。その裏には女子高生とは従順で無垢、気が利いて優しいというステロタイプがある。かく言う私もかつて同じ考えを持っていた。だが、事実はこれから述べる話でも明らかなように、H女子高生の多くは従順でも控えめでもなく、自己主張し学校と教員を揶揄するしたたかな女性なのである。

当初、私はH女子高生の実態がわからなかった。それは私自身が管理教育という枷の中にいて、彼女たちの内面が見えていなかったからである。だが、管理教育が撤廃されるや、以下で述べるように素のままのハイティーンの女性が出現してきたのである。

授業が成り立たない

藤井さんが転勤してきたのは、Ｈ女子高が管理教育から脱皮した頃だった。アニメの「笑ウせぇるすまん」こと喪黒福造によく似た外貌のこの人は、初対面のとき、自分自身をサラブレッドと称していた。両親も自分も有名大学出で、裕福な境遇にあるからだった。そんな彼の教育観は、当初は「自分は偉い」とまでは言わなかったがずいぶん権威主義的だった。それが月日を追うごとに変化していき、やがて私にとって教育、生徒について話ができる当高校で唯一の教員になった。

Ｈ女子高には事件がありすぎたため、九〇年代の初め、ここに転勤すると決まったとき、彼はそのうわさが本当かどうか調べたらしい。「うわさ通りだったらどうしようなどと考えました」と言っていた。教員が教員を殴ったり、教員が生徒を殴って大けがを負わせたりする、そんな新聞記事を読んでいたらしい。着任した四月には、これらの事件は一応収束し「かなり落ちついてきたから大丈夫」と前任校の校長に言われてきたという。

校長が藤井さんに言ったように、Ｈ女子高における管理教育は終わっていた。一つの学校の校風、指導方針は赴任する校長によって大きく左右される。Ｈ女子高にはそれまでの五年間あまり、県教委の意図的な方針（と思われる）で、体育会系教員を重んじ、生徒を厳しく管理する校長を送り込んできていた。その後、暴力事件の影響もあったのだろう、やや温厚な校長が二年間在任した。続いて生徒に対して自由容認で臨む教頭が赴任した。彼はそのまま校長に昇格し、計五年間H女子高に在職した。これは珍しい人事である。校長のほかに教員も異動し、三年間でおよそ半数の教員が変わった。管理教育が完全に終わり、校風がガラッと変わったのは、この人が校長になったことと、教員の半数近くが入れ替わったことと深く関係する。

だが、校風が自由になったあと、別の問題が持ち上がった。酷い管理の後に自由を容認するとどのようになるか、誰も経験してこなかったからである。私が藤井さんと話が合ったのは、藤井さんには自由にふるまう生徒を「女阪野郎ども」と見る感覚があったからだ。だが、ほとんどの教員は自由というより奔放、わがまま勝手にふるまうようになった女子高生をどう扱ってよいかわからなかった。はれ物に触るか、彼女たちを忌避して早く転勤したいと思うか、そのどちらかだった。藤井さんも転勤してきた当初は、生徒や学校に対して自己防衛的だった。だが、やがてその態度は消え、「女阪野郎ども」への共感に代わっていった。彼の生徒観の変化は次のようだ。

藤井さんの初めての授業は三年生の就職クラスだった。この高校は二年生になると卒業後、就職、進学のどちらを希望するかでクラス編成をする。バブルがはじけたちょっと後だから、九〇年代初めでも女子高生の求人は多かった。多少成績がふるわなくても就職先に困らない。三年次にどんな成績であっても、いずれどこかに就職できる、このことを彼は次のように表現した。

「こんな状況だから、もともとお勉強が好きではないお姉ちゃん（女子高生のことを彼はこう呼んでいた）が、どうしてひたむきに勉強したり、辛抱強くテストに臨んだり、規則に順応したり、たくさんの知識を取り込む必要がありますか。これは差別発言じゃありません。就職クラスの生徒自身の偽らざる本音なんだと思います。それが僕にも次第にわかるようになったんです」

藤井さんはH女子高に来る前、二つの学校を回った。一つは進学校でもう一つは底辺校だ。両方の生徒を見ているからその違いがよくわかるのだろう。

赴任当初、彼は授業の準備をし、一時間目のクラスに向かった。教室の引き戸を開けた途端、一瞬行くべきクラスを間違えたと思い、引き戸を閉めて引き返しそうになったという。

彼の頭には、教室に入れば机と椅子が整然と並び、生徒は着席して授業を待っているという当然の図式があったからだ。前の底辺校でさえ、少なくとも始業式早々は、生徒はきちんと並んでいた。この図式が完全に打ち砕かれ、彼は奈落に突き落とされた。「教室に入るのに気合が必要だった」と彼は言った。

反学校の文化

すでに三年間H女子高にいた私にとっては驚くに足りないことではあった。私も同じクラスの授業を受け持っていて、免疫ができていたからだ。

ところが、その年はそれまでの三年間とは違っていた。三年生の就職クラスは「女阪野郎ども」の世界そのものとなっていたのである。整然と列をなしている机の通りは一つもなかった。四〇くらいある机は、ある場所では斜め横に連なり、ある場所では二つずつくっつけられている。教室の後ろには五、六個の机が正方形に並べられていて、それぞれの机の上にはペン立てや漫画本、高く積み上げられた辞書や雑誌、マニキュアがぎっしり詰まった箱などが乗っている。正方形にくっつけられた机の上には、子どもが遊ぶブロックのようなものが真ん中に置かれていた。

生徒は思い思いの机に座り、しゃべったり雑誌を読んだり、ウオークマンを聞いたり、ある生徒はコンパクトの鏡を立てて化粧にいそしんだり、スナック菓子を食べたりしている。机の上には英和辞典や国語辞典が立てられている。彼女たちにとって辞書はひくものではなく立てるもの、ミサンガを編むなどの内職を隠すためのものだ。自室でくつろいでいると思えば違和感のない光景だ。

私はこのクラスに初めて行ったとき、当たり前だが教科書とノートを持参した。教室に入り、教卓に教科書を置き教室を見渡し、果たして授業をしたものかどうか思案した。そこへ入口の戸が開いて生徒が一人入ってきた。遅刻した生徒だ。彼女は悪びれることなく、いきなり教卓に発泡スチロールの容器を置いた。なかにはコンビニで買ったと思しきおでんが入っていた。挨拶もなければ遠慮会釈もなく、割り箸を持ったまま「センセイも食ってみな。うみゃあよ（おいしいよ）」と言いながら、こんにゃくを割りばしで取り出して、私の前に差し出した。

「朝ご飯でしょ。私は大丈夫、いらないよ」と答えると、彼女はがつがつと平らげ、自分の席に行った。かつて厳しい管理があったこの学校が、急に自由な校風に代わったことを知らなかったら、私はこの事態に対応できなかっただろう。

生徒たちはいったい何をやっているのか、机間巡視した。二人でひそひそ話をしているのはバイトの話だった。一人の子が私を見てこう言った。

「今ね、友だちにバイトの紹介をしてもらっているの。すごくいい話なんだよ。ホテルの掃除だけど、きれいになった部屋を見て回って、家具やテレビに残っているほこりを払うだけなんだって。センセイどう思う?」

そんなバイトを彼女たちはどうやって探してきたのだろうかと思いながら、机を正方形に並べてゲームをやっている生徒にどんなゲームなのか聞いた。

「ジェンガっていうの。ここに積んであるブロックの中から順番に一本ずつ抜き取るんだよ。センセイもやってみなよ」

そう言われて、しばらく彼女たちと付き合った。どの生徒も私事を教室に持ち込み、学校をインフォーマルな場に仕立て上げていた。『ハマータウンの野郎ども』でポール・ウイリスのいう「反学校文化」とは、このことだと納得した。

彼女たちには社会に出て通用するといわれる資格も、学歴も、成績も、努力も、辛抱も、評価されることもまるきり念頭にない。学校内で御法度なことをやっている。今この場所で、この時間をひたすら楽しんでいる。学校が提供する学習や知識、規律などは頭のどこを探してもない。いまを犠牲にしてまで学校が示す価値を重んじるなど、何の意味があるの、と思っている。そういう目で教室を見まわした時、彼女たちが学校を自分好みの大事な居場所ととらえていること。学校より友だちが大事、そういう思いを持っていることがわかってきた。

これは私にとってカルチャーショックだった。

授業をしないという決断

最初の一時間で、私は彼女たちに対抗する知恵を何ら持ち合わせていないことを認識した。ただ傍観するだけだった。就職クラスは三学年で二クラスあり、どちらのクラスも授業は成立しなかった。次の時間、これらのクラスに行くときは教科書のほかに読みかけの本を持って行くことにした。授業が成立しないとき読むためだ。次の授業も前の時と全く同じだった。私は教卓の椅子に座り本を開いて読もうと思った。ふと見ると、目の前に二人の生徒が寄り添うように何か話をしていた。机上には教科書が乗っている。二人に聞いてみた。

「やっぱり、授業をやったほうがいいかな?」

二人は同時に激しく首を振って「やらなくていい、やらないでよ」と言った。

授業が成立しないとき、教員のとる態度はおよそ二通りある。一つはとにかく机をきちんと並ばせ、席につかせ、私語をやめさせ、静かに授業を聞くよう教え諭す、あるいは強引に言い聞かせる方法。もう一つは、教員はフルーツパーラー（同じ就職クラスを担当しているある教員がこの光景を見てそう言った）のような状態をやめさせることはできないし、やったとしてもエネルギーがもたない。だとしたら生徒が聞こうが聞くまいがかまうことなく、準備した授業を粛々と行うという方法。前者は主に体育会系教員がとった方法で、後者は威圧的態度をとりたくない教員の方法だ。

私は激しく首を振る前列の二人を見て考えた。どういう態度をとるのがベストなのかと。その時、自分でも思いもよらない提案をしてしまった。

「みんな、やっていることを一時やめて聞きなさい。これから大事な話をするのだから」

大声で叫んだ。一瞬、教室は静かになり、全員私のほうを見たので、〝しめた〟と思い、続けてこう言った。

「このクラスで私の授業を聞きたい人がいたら手を挙げなさい」

もちろんだれ一人挙げる者はいなかった。そこでこう宣言した。

「今日から私の授業時間はこのままで、授業をしないで通します（ここで生徒から大きな拍手が起きた。私は調子に乗って続けた）。だけど、それには二つみんなに絶対に守ってもらいたい決まりがあります。一つは授業時間、教室から一歩も出ない。たとえトイレでも出ない、これが一つ。もう一つは授業をやっていないことを友だちにも親にも誰にも言わないこと。もし、しゃべったらその子は文句なく赤点の上、そのあとは厳しい授業をやります。わかった者は挙手しなさい」

もちろん全員が挙手した。誰もが神妙な顔をしていた。そして、この方式を一年間通したのだ。二つのクラスとも誰も口外しなかったし、教室から出なかった。これに私はある種の感動を覚えた。彼女たちには「仁義」がある、ということに。私は、『水滸伝』の梁山泊のような話、義理、人情、仁義の世界が好きだ。だけど、この場合は仁義というより、小さな仲間内の「掟」と言ったほうがいいかもしれない。

授業をやらなかったら期末試験に困る。成績を付ける材料がないからだ。どう乗り切ったか今もって思い出せない。確かに試験もやったし成績も付けた。たぶんあらかじめどこを出題するか、生徒に伝えていたと思う。実際のところをいえば、試験や評価はその教員の考え次第で何とかなるものである。

授業をしない日々が続く中、不安になって学校中の教室を見てみようと思い立った。校舎は一棟建てだから見て回るのは簡単だ。初夏の蒸し暑い日、廊下側に面した教室の窓はほぼ全開だった。廊下の端から端までゆっくり歩いてみた。驚いたことに授業をやっていない教員は誰もいなかった。生徒が整然と授業を聞いているクラスもあったが、多くの教室では思い思いのことをして、黒板のほうなんて向いていない。それでも教員は黒板に向かって板書をし、教卓の前で授業をしていた。

最後の授業

藤井さんもやはり授業をしていたらしい。ただしビデオを見せるのが中心だったという。三年生の授業があと三回で終わる、というときのことを話してくれた。三回のうち二回はビデオを見せた。一つは「金嬉老事件[3]」、もう一つは「サンダカン8番娼館[4]」。「サンダカン……」はほとんどの生徒が食い入るように見ていた。彼は授業が終わった時「この本を読みたい者は手を上げろ。先生が人数分買うから」と言った。数人の手が上がった。その子たちには本を買ってあげた。最後の一回は「主人」という言葉について話したという。内容は次のようだ。

「お前たちはいずれ結婚するだろうから、この話をしたいと思う。結婚相手、お前たちにしたら夫だ。この人をどう呼ぶか、それが問題なんだ。日本の女性の多くが〝うちの主人〟とかいうだろう。主人と呼んだ本人は自分がどういう立場に立っているのか知っているか？　誰かを主人と呼ぶ者の立場は、奴隷だ。お前らは結婚して奴隷になるわけじゃないだろう。だったら決して主人と呼んだらだめだぞ！」

3　在日韓国人二世の金嬉老が殺人を発端として起こした籠城事件
4　かつて〝からゆきさん〟として南方に没していった日本の少女たちの秘話

この話はほとんどの生徒がよく聞いていた、と彼は言う。

「生徒はこんな話を聞くのは初めてという顔で熱心に聞いていましたねえ。実際、お姉ちゃんたちはこの先、家父長制にどっぷりつかった男にパラサイトしなけりゃ生きていけない。結婚して、妊娠、出産、育児をしていく中で男が一家の大黒柱足りえないことがわかってくる。きっとそうなるに違いないですよ。そこでどうするか、どんなアクションを起こすか、そこが肝心ですからね」

藤井さんは、パラサイトしなければ生きていけないという現実の一方で、いざ離婚となったり、男に頼れないとわかった時、彼女たちはきっと自分で稼ぎ始めるだろうとも予測した。

「あの子たちには稼ぐことが自己実現だとか職業人としての自覚だとか、そんなしちめんどくさい思いは全くない。だからそういう場面にぶつかったらきっと体当たりでやっていくに違いない。あの子たちに話をしたとき、そういう確かな感触があった」と言うのだった。

「女版野郎ども」がメリトクラシーの価値に支配されていないことを、彼はよく理解していた。

授業をしなくなってからすぐのこと。私は小柄な生徒が一人で教室の壁をこぶしでガンガン叩いているのに出くわした。何をやっているのか聞いたところ、「これから男を取り戻すためにケンカに行く。だからこうやって鍛えているのだ」と答えた。〈なんとバカなことを〉と思われるかもしれない。だがこのとき私はとっさに、藤井さんの「体当たり」発言を思い出し、彼の予測は的中するに違いないと思った。

「売春婦になってやる」

H女子高がすっかり自由の雰囲気になった頃、私は一年生の担任をしていた。

ある日、昼休みが過ぎた時間、私は調理準備室で授業案を作っていた。そこに事務室から電話があった。

「本校の生徒が学校を抜け出し、S駅の商店街をうろついている、という通報がありました。たぶん近くに住む方からだと思いますが、どうやら一年生で先生（私のこと）のクラスらしいです」

すでに生徒指導教員には伝わっていて、S駅に向かっているという。私もすぐさま駅に行き、商店街や量販店をくまなく見て回ったが、どこにも制服姿を見つけることはできずに学校に戻った。すると生徒指導教員が待ち構えていて「抜け出した生徒は生徒指導室にいる」と告げられた。

生徒指導室はかつて物置だった部屋をリフォームした、一〇畳くらいの窓のない場所で、テーブルをはさんで向かい合わせに一組のソファが置かれていた。ドアを開けると向こう側のソファにその生徒、里美が座っていた。色白でいつも長い髪を一つに束ねていて、口数は少なく、目立つ生徒ではなかった。入学して二か月くらいの頃で、私は里美がどのような性格かしっかり把握してはいなかった。だが、その時目の前にいる彼女はいつもとまるきり違う態度だった。両手をソファのひじ掛けに置き、足を組んで座り、親の仇をみるような目つきで私を上目遣いに睨んでいた。彼女は入口に立った私に向かっていきなり、何の脈絡もなくこう言った。

「私、こんな学校辞めてやる。売春婦になってやる！」

里美のこの言葉に私は一瞬うろたえ、頭が混乱し、逆上してしまった。何でいきなりこんなことを言い出すのだろう、と。次の行動を考える間もなく、私はつかつかと彼女のわきに立つと、持っていた出席簿でバシッ、バシッ、バシッと頭を三連打していた。私は決して暴力教師ではない。言い訳めいているかもしれないが、この時は暴力を振るっているという認識はなかった。ただただそうするほか里美の言葉にこたえる何かを持っておらず、反射的にそうしていた。生徒を殴ったのは教員生活のなかでこれが二度目だ。

私の攻撃に里美は一瞬ひるんだ。だが、すぐに事態を察し、立ち上がるやいなや「てめえっ」と叫びながら私に飛び掛かってきた。私は出席簿を放りだして、里美の両肩を両手でつかんだ。彼女は私の手を振り払おうと右腕を力いっぱい引き戻し、振り払おうとした。その瞬間、ビリッという音とともに里美のセーラー服の袖の肩先部分が破れ、肩先が丸出しになった。そんなことはお構いなく、里美は私の手を振り切ってその場から逃げようとした。部屋から逃がすまいとする私と里美はもみ合いになった。ようやく彼女をソファに座らせたところに、生徒指導教員がやってきた。彼は私に目配せをして部屋の外に呼び出して言った。

「母親が七時過ぎに引き取りに来る。あとは私が見ているからそれまで待っていて」

私は職員室に戻り自分の席に座った。すでに誰もいなくなった部屋は静まり返っていた。里美を探しに行ってからどのくらいの時間がたったのだろうか。初夏の陽は落ちて、あたりはすっかり暗くなっていた。私は何も手につかず呆然としていた。

里美の母親はきっちり七時に来た。仕事帰りと思われる母親はすっかり憔悴し、恐縮していた。

「本当にお世話をおかけして申し訳ございません」と小さな声で言うと、里美を促しながら帰っていった。二人を見送りながら、里美の吐いた言葉が頭から離れなかった。

「こんな学校辞めてやる、売春婦になってやる！」

なぜ彼女は辞めると言ったのだろう、なぜ売春婦などと口走ったのだろう。このセリフだけがテープレコーダーのように頭の中をぐるぐる回り続けた。

ようやく帰途についたとき、よく話をするAさんという教員が毎日のように立ち寄る居酒屋を思い出し、その店に入った。やはりAさんは一人で飲んでいた。私が入っていくと、彼は焼酎のグラスを持ったまま、嬉しそうに「ここに座れ」と自分の前の席を指さした。

「こんな時間まで仕事か？　なんだか落ち込んでいるじゃないか。シワが増えたぞ」

Aさんの能天気な言葉を聞いて、一層腹立たしくなった。彼にその日の出来事を話しながら、決して飲むことのなかったコップ酒を一気に飲んだ。Aさんは私の話などほとんど興味を示すことなく聞き流している様子だった。何杯目かのグラスを口にしながらAさんはぼそぼそと昔話を始めた。

秋田出身の教師の話

彼は秋田の雪深い地域にある農家の三男坊だった。畑や田んぼはみな長兄が継ぐことになっていて、他の兄弟は家から出ていかないと食べていけなかった。地元の国立大を卒業し、二二歳の時に東京に出て、教科書を作る出版社に勤めた。田舎から東京に出てきて「夜のネオンに目がくらんだねえ」と彼は言う。当時トルコ風呂と呼ばれた風俗店の女性と仲よくなり、結婚まで考えた。しかし話はまとまらず、その後教員に転職したという経歴の持ち主だった。私の話を聞いて彼はこう言った。

「生徒が売春婦になりたいって？　そんなのどうってことない話だよ。気にしなさんな」

同じ教員なのに、Aさんは一五、六歳の少女が〝売春婦になってやる〟というセリフを吐いた、その重大さを察していない。気持ちが全く動かされていないどころか、〝トルコ嬢〟と里美を同じ位置で見ているように思えた。貶める気持ちは全くないのだろうが、里美が汚されたようで、今日の出来事をわかってもらえると思って話した自分を呪いながら引き上げた。

翌日、里美は欠席した。

一週間ほど経った頃、里美の母親がやってきて何も言わずに退学届を出した。里美は来なかった。これで彼女との関係はすっかり切れてしまった。この場合は自主退学になるので、なぜ退学するのかという会議はもたれない。担任が口頭でその旨を職員に伝えるだけで終わりである。しかし、私は里美が口にした「売春婦」という言葉がずっと心に引っかかり続けた。彼女がなぜそんなことを言ったのか、理由を聞きたかったからだ。でも、これ以降里美に会うことはなくなってしまった。

学校で下着を売る

里美は一年生だった。もし彼女が三年生まで在校していたら退学しなかった可能性は高い。というのも、一五歳から一八歳という年齢は（たぶん男女とも）たった一年の年齢差が人生に大きく作用するからだ。高校三年生になるとかなり大人だ。三年生、つまり一八歳になると自分を大人の女性として扱ってほしい、という気持ちが強くなる。子ども扱いして欲しくないのがよくわかる。

どのクラスも生徒はたいてい三〜四人で話の合うグループを作っている。あるクラスで、真理と道子という生徒がいた。二人は仲がよかった。二人とも一八歳を過ぎていた。二人とも背が高く、髪をセーラー服の後ろの襟が隠れるくらいまでストレートに伸ばしている。彼女たちに限らず多くの生徒の一番の関心事は「男とオシャレ」だ。授業に行くと彼女たちは私の服装をチェックする。今日の服装はイケてるとか髪をもっと伸ばしたほうがいいとか批評する。それは自分も早く大人になって自由なオシャレを楽しみたいからだ。

その日、教室に入ると真理の机の周りに五、六人の生徒が集まって何かを見ていた。私が入っていっても一向に席に戻らない。何をやっているのか近づくと真理が言った。

「うちのお姉ちゃんが下着のセールスをやっているの。私も仕事を手伝いたくてみんなに注文を取っているところ。センセイも何か買って。中国製だから安いよ」

彼女たちが見ていたのは下着の種類と価格を記した注文表だった。見ると確かに安い。すでに何人かが注文していた。

「それじゃあ、ブラジャーを買おうかな」と言うと、「センセイ、色は黒がいいよ。セクシーだし上下でもあるよ」

ということで黒のブラジャーを注文した。真理は自分も同じものを買いたいと言い、「だけど、サイズがわかんないの。センセイ家庭科でしょ。私のバストサイズ測って」と言うなり、私にメジャーを渡すと上着を両手でたくし上げた。自分のバストサイズも知らないで今までどうやって買ってきたのだろうと思いながらも、仕方なく真理のバストを測ってやった。

ふと隣を見ると、道子が沈んだ、真剣な顔をしていた。真理のバストを測り終わると道子が近寄ってきて「センセイ、これを見て」といきなりB５サイズの紙を広げて見せた。それは子宮の図だった。

ひと月半ほど前、彼女が授業中に話しかけてきたことを思い出した。

「センセイ、私、今度の連休に彼と旅行に行くの。それで、ディズニーランドと温泉と中華街の三か所を入れたプランにしたんだけど、どこに泊まるのがいいと思う?」

さも嬉しそうにそう聞くのだ。宿泊地を聞きたいわけではない。私に報告し、彼との旅行を誇りたいからだ。それがあの時とうって変わった様子だった。私は道子の顔と紙に描かれた図とを見比べて「これ子宮じゃない、どうしたの?」と聞いた。道子は次のように話し始めた。

高潔と堕落

「三か月以上生理がないから病院に行ったの。彼もついてきてくれた。そうしたら妊娠していることがわかった。彼と相談して、中絶することに決めた。手術した時わかったんだけど、この図のここの所（と言って道子は子宮頸部を指さした）にがんがあることがわかったの。さいわい初期だから放射線治療で治るって言われた。それでね、何回か治療を受けて今はすっかりよくなったの」

あからさまではあるが、深刻な話だった。

がんのことと赤ちゃんのことについて道子は彼と話をした。彼女のがんは、中絶した赤ちゃんが自分たちに教えてくれたんじゃないか、と。彼は、この子を埋葬してお寺で供養してもらおうと言ったそうだ。道子も同じことを考えていたから、水子供養をしてくれるお寺を探して供養し、それ以後毎月命日には一緒にお参りしようと約束した。

そのような話だった。ディズニーランド、中華街に始まる話の結末に私は驚き、一瞬なんと返答してよいかわからなかった。それでも「それはよかった。赤ちゃんも喜んだと思うよ」と言った。道子の眼に涙がにじみ、口元がほころんだ。誰かに、というより大人の女性に報告したかった、聞いてほしかったのだ。

この話を聞けば多くの人は、「堕落」と思われるかもしれない。だが、私にはそうは思えなかった。というよりもこれは「高潔」な行為だと、とっさに感じた。多くの場合、女だけが苦しみ、黙って中絶し、闇から闇へ葬る。だが、道子は一〇代にしてすでに大人の世界に一歩足を踏み入れた。彼とともに苦しみ悩み、その結果、大人の階段を一段上がったのだ。

大人の女性になる、そういう地位を得るということは、必ずしも結婚したり親になったりすることではない。先に「女子高生は性的存在である」と書いた。この言葉の意味は、彼女たちは自分が女性である、それも生物的役割を担った性であることを認識することを指している。彼女たちはその賭場口に立ち、それらを経験するなかで、大人の女性というものを自覚していく。

だがこんにち、女子高生と大人との境界線は薄らいでいる。女子高生の行動範囲が広がって自由度が増えたからではないだろうか。ただ、九〇年代の女子高生よりも、二〇二〇年代のほうが幼稚になっているように思う。道子は堕落と背中合わせにある高潔な行為の何たるかがわかっていた。一歩間違えれば堕落の道に入り込み、人生行路を間違えてしまう、それが女子高生という一〇代の特徴だ。

確かに彼女たちの行動は一見、堕落しているように見える。しかし、近寄って話を聞いていくと決してそうではない。すっかり大人になった女性よりも、彼女たちの行為は、ずっと高潔ではないかと思うのだ。

第4章　めぐみとミユキ

本章以下は、九〇年代初め元H女子高に在籍した卒業生たち、つまり「女阪野郎ども」への聞き取りである。あれから二七年が過ぎ「女阪野郎ども」は四五歳になった。四五歳の「おばさん野郎ども」は、高校時代をどのような思いで過ごしたのか、その後二七年間どのような人生を歩んだのか、あの頃をいまどう見ているのだろうか。

四半世紀以上たって彼女たちに連絡を取り、取材を申し込んだ。難航する作業だった。卒業生名簿を頼りにしても結婚して姓が変わり、住所も変わるなど女性特有の問題があるからだ。そこでこの間ずっと連絡を取り続けてきた何人かの元「女阪野郎ども」に頼み、彼女たちの知りうる限りの同窓生に連絡を取ってもらった。連絡がつき、インタビューに応じた人にさらに紹介してもらう、というように芋づる式に探していった。

「女阪野郎ども」のなかでも、めぐみとミユキとは高校を卒業してから二七年間、ことあるたびに連絡を取り付き合ってきた。この二人を含めて何人かは、女子高生時代を宝物のように大切にしている。だから人探しの中心になってくれた。彼女たちを含め、本書に登場するH女子高生は、九〇年代の自由な校風に変わってから入学した人たちだ。

めぐみとミユキは、幼稚園、小学校、中学と同じで、高校も共にH女子高だ。二人はずっと友だち同士。両者に共通することは勉強嫌い。読書というモノはまずもってしたことがない。もう一つは女子高時代、男の話が絶えなかったこと。さらに二人にはちょっとまねのできない特技がある。めぐみは裁縫、洋服づくりが好きで手先が器用。スタイリストになった。一方、ミユキはキャバ嬢を皮切りに、夜の街に咲く一輪の華になった。

田舎町からニューヨークへ

――めぐみ

めぐみが三年の時、私は「被服制作」を担当した。授業はひたすら被服制作をする。四月当初、パターン型紙（すでに出来上がっている型紙を使い、自分のサイズに合わせてS、M、Lのどれかを切り取る）を使って、パジャマを縫った。ミシンをかけている二〇人ほどの生徒の進捗状況を見て歩くと、めぐみはミシンを使いながら手際よく作業を進めていた。出来上がった作品は、そのまま市販品として売りに出せるレベルのものだった。

三年の期末試験の時、めぐみは覚えられないことばかりだと、夜なべしてカンニングペーパーを作り、それを袖口に入れて試験を受けた。試験監督の先生に見つかり、職員室に連れていかれた。その先生はカンニングペーパーを見ながら、しきりに感心していたという。彼女は家庭謹慎になると思い、ずっと黙っていた。ところがその先生はこう言ったのだ。

「めぐみ、オマエは偉い！　こんなに勉強してきたのか。その成果がこの紙だ。みんな諦めてしまう。ところがオマエは少しでもいい点を取ろうと、こうやって努力してきた。校則からしたら違反になるけど、先生はこのことを評価するぞ」

こんな指導もあるものかと感心する一方、H女子高ならではのブラックジョークにも思えた。

「カンニングしたのに褒められた。無罪放免だったんだよ」とめぐみは言い、「私、やっぱりこの高校はその子の個性を伸ばしてくれるところだと思った」と複雑な表情で私に言うのだった。

彼女は結婚し、以来二〇年近くニューヨーク（以下NYと記述）に住んでいる。

バンドオーナーとの出会い

NYに住むに至った経緯は次のようだ。

めぐみは好きなジャンルの音楽が聴きたくて、下校後、東京のクラブによく行った。クラブには終電過ぎまでいたので、駅で夜明かしして始発に乗って帰った。学校は休みたくなかったので、そのまま登校した。

高校卒業後、都内の服飾専門学校に進み、その一方でクラブに通い続けた。その頃NYのバンドがクラブに来ていたので、聞きに行った。バンドのオーナーはトーマスという中国人と黒人のハーフの男性で、二つのバンドを持っており、指揮とベースを担当していた。そのとき、トーマスからCDをもらい「一年後にまた来る」というので、その間エアメールを交換することになった。

一年後、トーマスが再び東京に来た。めぐみは毎日といっていいほどクラブに通った。三度目に会った時、プロポーズされた。めぐみ二三歳、トーマスは三九歳。彼は日本語がほとんどわからなかったが、とてもやさしく、彼女が困っていることをいち早く察知し、手を回してくれる。めぐみの両親は年齢差と国際結婚を理由に結婚に反対したが、トーマスに会うとその人柄がわかり、父親は賛成するようになった。めぐみも「こんないい人は二度と現れない。この人とならやっていけそう」と思い、結婚を決意しＮＹに渡った。このときトーマスが「I fell in love」といった言葉だけはわかり、感動した。

結婚してしばらくの間、夫が助けてくれるので英語を習得しなくてもいいと思っていた。でも、夫は一七歳年上。もし彼が突然他界したらどう生きていったらいいのか、という不安は感じていた。

洋裁を本格的に習う

ＮＹにはブランドのようなものがあって、世界からいろいろな人が集まり流行を生み出す刺激的な街だ。「この点はパリも東京もかなわない」とめぐみは言う。この街に魅せられ、洋服を作るにはやはりＮＹでなければと、そこから離れられなくなった。ＮＹに行ったとき、トーマスはすぐミシンを買ってくれた。それを使って服作りを始めた。彼女が作る服に共感してくれる人に売りたいと思い、オンラインで販売を始めた。

めぐみが三四歳になった頃、NYの日本語紙で「洋裁を教えます」と書かれた記事を見つけた。その人と連絡を取り、生徒として洋裁を基礎から数年かけてみっちり教わった。洋裁の先生は八〇歳近くで、夫はユダヤ人だったがすでに他界していた。先生はずっと夫に頼っていたので、英語がほとんどしゃべれなかった。夫がいなくなったあと、英語ができず苦労したという。「アメリカに住むなら学校で英語をちゃんと学びなさい」と先生に言われた。この言葉を聞くたびに将来が不安になり、人を頼らずに生きていかなければならない、と思い始めた。

ある時、小さなファッションショーをしないかという打診があった。一か八かで夫の手を借りずにファッションショーをやり、無事終えることができたとき、何ともいえない自信がわいてきた。英語を本格的に勉強したい、それから自分の生きる道を決めたいと思った。

アメリカの教育制度は、自分がやる気になればサポートしてくれるシステムがある。コミュニティカレッジもその一つ。ここに入学して専門用語もマスターできるまで勉強しようと決心した。

日本との違いを実感する

二〇二二年にめぐみに会った時、彼女はこう言った。

「洋裁の先生から、ＮＹは自分が強くしっかりしていないと生きていけないところです、と言われた」と。この言葉は心に響いた。そう言いながらも、めぐみは「実はこの先ＮＹで暮らし続けるか、日本に帰ろうかまだ迷っている」と言うのだ。

めぐみの親も友だちも日本に帰って来いというが、めぐみ自身八割以上ＮＹで生きていく道を選んでいる。彼女が迷っている要因はただ一つ、語学力。銀行に行って用事を足すこともままならなかった先生と自分が重なる点だ。私は「英語を基礎からやってこの先もＮＹで暮らしたほうがいいよ」と答えた。

彼女はＮＹに帰る間際になって「英語をマスターしてＮＹで生きて行こうと決心した」と言った。

めぐみはＮＹと日本の違いを次のように言う。

「日本は学歴がないのも、貧困なのも、なんでも自己責任にしてしまう。ボランティアとか寄付を嫌う風潮もある。自分のことしか考えないという面も強いと思う。自分の意見をはっきり言えない（言わない）し、周りの人の目を気にしながら、それに合わせて生きている人が多い。それがいけないというわけではないが、アメリカは想像していた以上に、貧困な人や学歴をもっとつけたい人に対する国のサポートが何重にもあって、どこかで引っかかるようにできている。お金のある人は迷わず寄付をして、見知らぬ人を助けようとする。日本もこのような慈善的な精神があればいい。日本では大学進学の時学生ローンを借りる人が多い。返済するには利息も含めて二〇年くらいかかる。日本人の友人で結婚して初めて、結婚相手に学生ローンが残っていたことを知った人がいる。彼は妻の借金を払わなければならないと言っていた」

めぐみには二〇歳の息子がいる。高校の成績は上位だったので、大学に合格後奨学金の手続きをし、申し込みをした。学費は全額タダなうえ、食費などのお金を年間五〇〇〇ドルをもらうことができた。貧しい家庭にはそれなりの成績と意欲があれば学費免除がある。息子は大学が肌に合わずやめてしまったのだが、奨学金を返す必要はない。

「日本にもこういうシステムがあれば、もっと自分らしく夢をもって生きていけるんじゃないかな」

「高校は楽しかった」

めぐみは中学の時から「人と同じ」がイヤなタイプだった。中学は校則が厳しくてなかなかやりたいことができない。彼女は、ファッションのことなら誰にも負けないと思っていた。H女子高は自由で校則も緩かったので、自分を個性的に見せるにはどうしたらいいか考え、夢中になって、やりたいことをどんどんやるようになった。

高校の時、万引きに加わりそうになったことがある。

友だち三人と量販店に行ったときのこと。そのうちの一人ですでに中退していた子が万引きを始めた。めぐみは怖くなってトイレに隠れていた。万引きしたのはその子だけ。その子は店を出るとき店員に捕まって、一緒にいた彼女と他の友だちも事務所に連れていかれ、パトカーまで来て大騒ぎになった。彼女は何も取っていなかったので無罪放免になった。

修学旅行に行ったときも万引きがあった。旅館の売店が閉まると、品物に白い布をかぶせられる。夜中に売店に行って土産物を取っていた子が何人もいた。

めぐみ自身は小学校一年の時、鉛筆を盗んだことがある。このことがずっと後ろめたくて罪悪感にさいなまれていた。街で警官を見るたびに自分は捕まるんじゃないかとビクビクしていた。だから、万引きだけはしたことがない。

H女子高の制服を着て本屋に立ち寄って店を出ようとした時、店員に呼び止められ「おまえ、万引きしただろう」と言われたことがある。何も取っていなかったから、カバンの中身を全部見せてようやく疑いを晴らすことができた。店に入った時から、この制服というだけでマークされていたのだ。

「いつも誰かといたい」

めぐみは自称イケメン好き、面食いだ。

高校二年のとき、近所に住む一歳年上の人から写真を見せてもらった。そこに格好いいきれいな顔をした男性が写っていて一目惚れし、彼の家の電話番号（当時はまだケイタイがなかった）を教えてもらった。ヒサシという名で高校中退の一八歳。F市のアパートに住んでいたので、電話をして会いに行った。ヒサシは古着屋のオーナーだった。彼とは性関係はなかったが、一緒にいるだけで嬉しくて、海や河川敷を二人で歩いているだけで幸せだった。

ヒサシの家に遊びに行った時、彼の性格がものすごく悪いことに気がついた。二人で音楽を聴いていると雨が降ってきたので、めぐみは帰ろうと支度を始めた。するとヒサシがいきなり言った。

「なんでオレに黙って帰るんだ！　誰が帰っていいと言ったんだ！」

そう言って傘でめぐみをひっぱたいた。帰り支度をしていただけなのに叩くなんて、付き合っていられないと思い、別れた。

「私はいつも誰かと付き合っていなければ自分を保てない性分なの」とめぐみは言う。そのあと付き合ったのがトオルというS高校の三年生。彼とは通学電車のなかで知り合った。金髪にしていてめぐみと同じミュージシャンが好きだと聞いて嬉しくなり、友だちの仲介で親しくなった。トオルとは東京のクラブに一緒に出掛けるようになった。音楽とファッションの好みが一緒なので、高校卒業後も付き合っていた。

その後、五歳年上のマサオという酒類の配達をしている人と付き合ったが、この男は酒乱で飲むと暴れて、止めにかかったら殴られたのですぐに別れた。

めぐみがそうであるようにミユキも、そして多くの元H女子高生も付き合っている男の本性がわかるとさっさと捨てる。

ハマータウンの「野郎ども」は、学校や職場で否応なく劣位に立たされるがゆえに、女性を差別する諸観念の再生産をし、正当化するとポール・ウイリスは言う。つまり、彼ら「野郎ども」は女性を価値の低い存在とみなしている。だが「女版野郎ども」は男に執着しながらその本性を見抜き、これが「クソ」であるとわかるや男のところから離れて生きていくのである。

古いファッションに惚れ込む

めぐみが高校でいちばんウエイトを置いていたのがファッションだった。制服のほかに個性を出せるものとして、コート、髪の形や色、身に着けるものすべて、みんなと同じでないものにしたかった。彼氏の優先度はその次だ。

専門学校に通っていた時、一九三〇～四〇年代の古いファッションを紹介した雑誌を手にした。それを見たとき〝これだ！〟とひらめくものがあった。その後、この時代の古着を集め始めた。手に入らないものも多く、そうなると自分で作るしかない。作るなら当時の服と間違われるくらい完璧なものを作りたいと思った。

めぐみは「この時代の服は特有のエレガントさがある」と力説する。世界中にこの時代のライフスタイルを含めたファッションが好きな人たちがいる。イギリスに行ったとき、ある田舎町にヨーロッパじゅうの古いもの好きな人が集まってくることを知って衝撃を受けた。布地だけでなく糸もボタンも当時のものを使って服を作り始め、友人に売った。

専門学校を卒業後、派遣の仕事をしながら服を作り、そのまま三年間東京にいた。このジャンルの服は一八歳から今までずっと作りつづけている。

彼女はいま、インスタグラムにカラフルな作品群をアップしている。これらを買うのは欧米人が中心だという。だが、ビジネスにするには販路が狭い。量販されているものと違って、このジャンルの服は着る人を選ぶからだ。

二〇二二年、NYに帰る間際、めぐみは次のように抱負を語った。

「新しいファッションの製図ができて、営業をやる人とコラボしようといろんなつながりを作っている。その中で自分の服を売っていきたい」

日本では将来不安を抱える若者は多く、四〇歳を超えたら女性の転職は困難だ。四五歳にして将来の夢を語るめぐみは不安を抱える日本の若者と違っている。それはなぜだろう。

先に触れたコミュニティカレッジのように、アメリカには何歳になってもその人のやる気さえあれば、無償で支えるてくれるセーフティネットが整っている。また、国民の多くがボランティア精神を持っている。そこにはキリスト教的慈善の精神がある。

このような社会環境が彼女に与えた影響は大きい。彼女の安心感とやる気を醸成しているからだ。日本には若者を支える無償のシステムが欠如している。いったん踏み外したら、どこまでも転落してしまうリスクが高くなる。日本にも、やり直したいと思った時、若者を無条件、無償で支える学びなおしの場が必要だ。労働で躓いたときのユニオン、不登校、ひきこもりをこまめにサポートするＮＰＯなどのシステムをより充実させていく必要がある。

バカ高校

――ミユキ

一方のミユキはどのような人生をたどってきたのだろうか。

「高校時代は学校の全部が楽しかったし、面白かった」という。だが、ミユキの遅刻は半端ではなかった。登校時間は一一時頃。学校に着いて教室のドアをガラッと開ける。すると一斉にみんなミユキのほうを向いて「ミユキ、おはよう」と言うのである。彼女は満足そうに笑って、バッグからヘアブラシを取り出し、梳かす。もちろん学生カバンなど持っていない。まるでショッピングにでも行くようなトートバックを腕にかけ、中身はブラシと化粧道具だけ。髪はワンレングスで背中ぐらいまで伸ばして、真ん中で分けるスタイル。大抵金髪か茶色に染めていた。「ヤンキースタイル」というやつだ。

遅刻するのは毎晩のようにスナックでバイトしていたから。朝早く起きられない。遅刻しない日は、登校途中でコンビニに寄ってスナック菓子とか袋菓子を盗ってきて、朝のショートホームルームの前に開けてみんなで食べる。私は万引きの現場を見ていないが「みんなやっていたよ」とあっさり言う。

スナックのバイトは中学一年の時から。同級生のお母さんに「お店が忙しいから手伝って」と頼まれたからだ。ほかに歯科助手のバイトもしていた。この職に就きたかったわけではなく、忙しいからと言われて手伝っただけなので、高校卒業とともにやめた。そのあとは、ずっと夜の仕事一筋に生きてきた。

ミユキは言った。

「私、本当のこと言うとこの高校に入れないと思っていた。中学の時は、あそこはバカばっかりと言われていた。だけどそのバカが行く学校にも入れないと思った」

なぜそう思ったか。

高校入試で社会が全くわからなくて零点だったからだ。試験問題を見てわかるものが一つもなかった。記号問題くらいは何とかなるんじゃないかと、鉛筆を転がして解答した。一つくらいは合っているだろうと、入試が終わってすぐテレビの解答速報を見た。そしたら全部間違っていた。だから絶対に落ちると思った。それなのに合格したから、いよいよこの学校はバカばっかりなんだと思った。

高校に入ってからもなにも勉強しなかった。だけど、この学校に来てよかったという。

「友だちもできたし、毎日が楽しかった。先生も変な人ばっかりだったけど、それが面白かった。ひきこもりとか不登校なんてあの学校にはいなかった」

嫌だったこと

「嫌だったことは、男を友だちに盗られたこと」と、憮然とした顔でミユキは言う。高校三年の時、二〇歳になる車用品販売の店員とつき合っていた。ところが隣のクラスのあかねがこの男に接近して、いつの間にか男の勤め先近くにアパートを借りて一緒に暮らし始めたのだ。

「あかねが学校の調理室の食器棚からコーヒーカップやお皿を二人分ずつ、新聞紙に包んで持っていった。調理実習の時、足もとに段ボールを置いて、そこに入れて持っていくのを見たっていう友だちがいる」

高校の時、ミユキが私にそう訴えたことがある。

「もともとどの食器が何枚ずつあったかきちんと数えていない。そのうえその子が盗ったかどうか、確かめる方法はない」。私がそう答えると、ミユキは引き下がる他なかった。

三年生の一月が終わり、明日からいわゆる家庭学習に入るという日の前日、ミユキはふらりと私のところにやってきた。何か話したいことがある、そんな感じだった。聞いたわけでもないのに、机の真向かい側に座ると、ぶっきらぼうに話し始めた。

「……中一の時一三歳で処女を失った。相手は同じ中学だった三歳上の男。その男は好きではなく、何とも思っていなかった。もちろん私にとってはショックというか衝撃的な出来事だった。

世の中ってこんなものかと思った。もうどうにでもなれとも思った。それからスナック勤めを誘われ、迷わずOKした。夜の店は楽だった。客の相手をしていれば苦労しないでお金になったから。男と話すのは苦じゃないし、お金さえ落としてくれればそれでいいと思っていた。もうすぐ高校卒業するけど、まだ行先は決まっていない。だけど、この学校に来てほんとうによかった。友だちも、センセイみたいな変わった人にも出会えたし……」

彼女はしゃべるだけしゃべると、さようならも言わずに帰っていった。

この話を聞いてから、再びミユキと昵懇に話をしたのは十数年が経ってからだった。そこにはめぐみもいた。私たちは夜の仕事とはどんな世界なのか興味津々だった。

ミユキは高校卒業後すぐに夜の仕事に入った。当時は夜の店がたくさんあった。初めはN市のキャバクラで働いた。ピンクサロンにいたこともあった。オーナーが何店舗か店を持っていて、どの店も女の子が足りなかった。キャバクラのオーナーはミユキによくしてくれた。一八歳から二二歳までその店にいた。そこでは働いているという感じはなくて、毎日遊んでいるみたいだった。一日行くと三〜四万円、月だと一〇〇万円を超えるときもあった。お金はほとんど遊ぶのと服に使ってしまった。

キャバクラで働く女の子は身を持ち崩したかわいそうな女と思われている。そういう子も確かにいるけどほとんどはみんな真剣だ。ミユキは結婚したいとも思っていたが、店での恋愛は禁止だし、客はお金を引っ張る対象としか見ていない。

店にはいろいろな客が来る。銀行員と教員は羽目を外すと意外にだらしなくなる。先生っていうのは自分を偉いと思っている。自分がこの世界を支えている、自分がいるから世の中が何とかなっていると思っているみたい。この商売をしているとそれがよくわかる。

「お店に入ってくる客はたいていこんな商売をしている女を見下している」と彼女は言う。おしぼりを出したり、氷を出したり、お酒を注いだりしてお客にいい気分になってもらうようサービスするのが仕事だから、その見返りにお金をもらう。

「れっきとしたサービス業じゃないですか」とミユキは語気を強めた。

客というのはサービスだけはちゃんと受け取っておきながら、なんか違うでしょと言いたくなる傲慢な態度の客がいる。そういう時、客に罰せられているような気持ちになることがある。お金をもらうだけのサービスはしているし、お金のためだから客のえり好みはしない。だけど、お客が彼女を見る態度は「なんだオマエは、水商売の女じゃないか」という目つきで、ふつうの女性を見る目とは違う。

キャバクラはお酒を注ぐだけのところ、ピンクサロンはティッシュとかおしぼりを使うところまでは許される、ヘルスはシャワーを使っていいけどそこまで、ソープはお風呂に入っていいと決められている。お客にはどこまでできるかをちゃんと伝えなきゃいけない。お金を出すからもっとサービスをしろ、という客もいるけど、彼女はやらない。

「違法だし、店の信用がなくなるし、〝そういう女〟と低く見られるから」

「この仕事には仁義がある」

この日、夜更けまでミユキはしゃべり続けた。「いま、何もかもしゃべっていいんだ」という雰囲気があったからだと思う。これまで彼女たちと会うときは、たいてい四、五人が最後まで残っていた。だが、この日はミユキのほかはめぐみと私の三人だけが残った。この三人には暗黙の信頼関係があった。

「お客は元気ムンムンで来ると思うでしょ。だけどほとんどは緊張して来る。なかには八〇を越えたようなヨボヨボのおじいさんが杖をつきながらやっとの思いで来る、なんていうのもある。そういうおじいさんだって女の子のからだに触りたいからね」

そう言って、夜の仕事の内情を語った。

この世界で女が生き延びるにはこの世の中のことを知らないとダメなのだ。お店にいてどこも落ち度がないのに、突然やめさせられることがある。この世界はふつうとはわけが違うから、かわいくて気がきく子でもオーナーに気に入られないとか、オーナーの女に嫌われるとか、稼ぎが悪いとかどんな理由をつけてもやめさせることができる。切られても文句が言えない世界なのだ。

生き延びるには知恵が必要だ。ミユキは店長とかオーナーとか〈力のある偉い男〉を自分の〈男〉にしてきた。そういう男を味方にすれば、その男から店の情報を仕入れることができる、だから生き延びてこられた。

だけど、店のオーナーの上にはまたオーナーがいるし、偽名を使っているオーナーもたくさんいる。この商売の総元締め、つまりトップ、それは結局一人なのだ。その人とは決して連絡が取れないようになっている。

そしてこんな話もした。

この世界は必ず売春、セクハラ、ヤクザ、そして薬（覚せい剤）や病気がつきものだ。店の女の子はいつもそういう危険にさらされているから、このことに鈍感な子はやっていけない。ミユキがもといたようなスナックにはそういう危険はない。もしも、あるスナックにウラがあるなどという噂がたったら、お客は寄り付かなくなる。

スナックで働いていて、夜、一人でカウンターにいると、怖いと思うことがある。どういう客が来るかわからないからだ。だから、決してお客の隣に座らないし、言い寄ってくるお客には「お金はいりませんからお帰りください」と言うことにしている。

彼女の話から、お金を払うセックスは日常のお金を払わないセックスでは得られない何かがあることがわかる。だから客は外で高いお金を払って買う。

「この仕事には仁義があるんです」とミユキは付け加えた。

汚れた純真な女

「私、男というものに縛られたくない」とミユキは言う。一人の男だけに忠義を尽くすという思いは彼女にはないのだ。一人の男だけという性分だったらこの仕事に就かなかっただろう。

ヤクザや売春のほかに病気と妊娠というリスクがある。これをどうクリアするかは大事だ。ミユキは三〇歳を過ぎた頃から、この道に入ってきた女の子の〝指導〟をする立場になった。いろんなリスクがあるけど、それでも働きたいと思う子は覚悟してくるから、自分をどう守るかを教える。ここで働こうという子は、病気とかいろんな危険をクリアし、お客を逃がさないことを真剣に考えている。世間で言われているように、女はそんな簡単に身体を売るなんてことはしない。そういう女の子を指導できるのはミユキに経験があるからだ。どうしたら病気がうつらないか、妊娠しないかをきちんと教える、聞くほうも真剣そのものだ。

病気にならないためのミユキのやり方は、その店のバーテンを自分の〝男〟にして、この男を実験台に使う。イソジンといううがい薬がある。これをまず口に含んでぐぶぐぶして浸透させる。その口で男のアレをしゃぶる。客が痛がったら傷があるとか病気を持っている、何かしらのトラブルがある証拠だ。そういう客を相手にしてはいけない。オーラルセックスで病気がうつることがあるからだ。

もう一つ大事なことはお金のことだ。

この商売もお金をもらうという点では、ほかの労働と同じだ。だが、ふつうの社会で働くのとこの世界で働くのではお金の意味が全く違う。たまに「いきなりクビになった」とか「お給料がもらえなかった」とか言って労働基準監督署に訴える子がいる。ミユキは「労働法とか難しいことはわかんない。だけど、ふつうの労働と一緒に考えるのは違うんですよ」と言う。

ふつう、これといった専門知識や技術のない主婦だったら、パート労働の賃金はせいぜい最低賃金止まりだ。この商売だとその三倍以上のお金がもらえる。ラクしてお金がもらえるということ。だけど、〝ラク〟というのが問題で、〝ラク〟にはそれなりのわけがある。時給が最低賃金の三倍以上ある、その違いにどういう意味があるかを考えなければいけないとミユキは言う。その差額はこの仕事の危険な部分に支払われるお金、危険手当なのだ。

彼女はこれまで稼いできて一度も所得税を引かれたことがない。健康保険料も払わないできた。もちろん福利厚生もない。病気とかのトラブルにあった時は、全部自分で何とかして、自分で責任を取ってきた。

「その時に使うのがこの差額。それがわからないのに、この仕事をやったらダメなんです」

ミユキの名誉のために言うと、彼女は国保や年金の未払い分を最近になって全額納めている。

世のなかのこと

ミユキはキャバクラに勤め始めた頃、フーゾクをやっている店のバーテンと結婚した。できちゃった婚である。二二歳の時だ。彼女はずっと妊娠を隠し続け、八か月になってやっと病院に行った。「なんでもっと早く来ないのか」と医者に怒られた。実家に帰って生んだ。生まれるという直前、彼女から電話があった。

「もうすぐ生まれる！　だけど生むのがとても怖いよう。ものすごく痛いんでしょ」と。

夫のことは特別好きでもないけど、嫌いでもないという。ケンカが強いイケメン。彼は育った家が複雑だったから、ミユキを逃したら人生やばくなると思ったらしい。彼女は夫のことをこう言った。

「結婚してから夜の仕事をやめさせて、私があれこれ面倒を見てやっとまともになり、昼の仕事をするようになった」

子どもを生んでからすぐ、ミユキは夜の仕事に戻った。夜の九時くらいに出勤する。キャバ嬢の現役は二五歳、頑張って二八歳くらいまで。ミユキは三〇歳までやった。この頃から景気が悪くなり、夜の店にお金を落とす客が少なくなった。現役を退いてからは、店の会計とデリヘル（デリバリーヘルス）嬢の送迎の仕事をした。二時間ぐらいテレビを見ながら車中で待つのだ。

ミユキの話が終わる頃、私たちは妙にしんみりした雰囲気になった。

夜の店はもう終わっていた。そういう時代なのだ。ふつうのキャバクラだけで動くお金はたかが知れている。そういう店がないと困るのかもしれないけど、現実にはなくなっている。会社が接待しないとか、景気が悪いとか男が外で遊ばないとか、とにかく社会で必要がなくなった。だから金が回らない。

今、パパ活といって、ふつうの中学生や高校生が売春をやっている、それもＳＮＳとかデジタルなコミュニケーションツールを通じて。

「デジタルはうわべだけの世界だよね。大人はもちろん悪いけど、子どもも悪いですよ。私が言うのもなんですが、世のなか狂っている。キャバクラにはアナログで情の付き合いというものがありますからね」

二〇二二年の夏、ミユキとの会話に私は複雑な、しかしどこか安心した思いを抱いた。

私は「仁義」「情」を語るミユキが無条件に好きだ。夜の街の世界は底知れない。そこで三〇年以上キャリアを積んだ「女版野郎ども」でなければ口にできない言葉を聞いた。彼女の言葉には嘘がない。

第5章　「ふつう」の女子高生たち

ふつうとヤンキー

八〇年代初め頃、「ダブり」というのがあったし、いまもある。赤点だらけで高校卒業に必要な単位が取れない、停学が多くて出席日数が足りないなどで三年生をもう一度やることを指した。一年年下と同じクラスになるのだから屈辱的だ。職員会議では相当もめた。「またあいつはケンカをして、バイクで暴走した。しかしいま停学にしたら確実にダブりになる」などというとき「ここは温情で停学は避けるべき」という意見と「決まりは決まり」という意見が対立したものだ。

H女子高ではダブりはなかったが、ヤンキーと呼ばれる一群がいた。

ヤンキーには定義があった。まず制服の着方に一定の決まりがある。セーラー服の上着を短くし、スカートを床上一〇センチくらいまで長くする。九〇年代になると短いスカートが流行るのだが、どちらにしても大人が顔をしかめるような着方をして粋がる。髪は金色か茶色に染める。金色の場合、染めるのではなくたいていブリーチのような漂白剤で脱色する。パーマをかけるのは前髪の両サイド、と決まっている。廊下を歩いていて、気に入らない生徒や教員が来たら、すれ違いざまにガンを飛ばす。授業をさぼる、タバコを吸う、ケンカをするなどというのもあった。一見すればそれと識別できる外見、風体だ。一方、生徒たちの間では「あの子はヤンキーだけど、優しくていい子」と呼ばれる生徒も少なくなかった。要するにそのような格好をしているからヤンキーに見える、ともいえる。

二〇二〇年代になり、教員をしている人に聞くとヤンキーなど見たくてもそのような生徒は皆無だという。そのかわり増えているのがおとなしく、心を病んでいて、トラウマを抱えている。友だち関係を作らないし、作ることに関心がない。人間関係が希薄である。自分の意見がないし、あるいは言えない。そんな子たちだという。

いまや九〇年代前半に反学校文化をエンジョイした「女阪野郎ども」は絶滅し、面白みのない学校になってしまった、ということだろうか。

この章で紹介する元H女子高生たちは、いわゆるヤンキーファッションをしていない。だが、ミユキやめぐみなど「女阪野郎ども」の近くに必ずいたのが「ふつう」に見える彼女たちであった。彼女たちには強烈な見かけや個性は感じられないかもしれない。だが「女阪野郎ども」と重なる思いを抱き、その仲間入りを望んでいた一群である。

あの頃、なにもH女子高の全員がヤンキーだったわけではない。多くはふつうだった。

本章ではそんなH女子高生を紹介する。

では、ふつうのH女子高生とはいったいどのような生徒を指すのだろう。

ヤンキーとふつうの違いはいったいどこにあるのだろうか。元H女子高生の話を聞くうちに次のことがわかった。一見してふつうに見える「女阪野郎ども」の要件は、以下の五点である。

・パッと見はふつう。いわゆるヤンキーファッションではない。だが、ピアスの穴がいくつもあったり、化粧をしていたりする。
・勉強は嫌い、ほとんどしない。
・万引きをしたことがある。
・コンパニオンなども含め、バイト経験がある。
・彼氏と付き合っている。

右記五点を見て、H女子高におけるふつうとヤンキーの違いはないのではないか、と私は思った。このことを彼女たちに言うと、「違いはある」と言う。それは一つだけ。「ヤンキー」とは制服の着方や髪の毛など外見が、先のヤンキーの定義に当てはまる生徒のことを言う。「ふつう」とは、見た目だけが「ふつう」なのだ、と。そのほかやっていることや気持ちは違わないのだ、と。つまり、まったくの「ふつう」とは「クソまじめ」な生徒を指すことになる。では、どうしてふつうの生徒は外見をヤンキーのようにしないのだろうか。それは、「自分はヤンキーには見られたくない、だから外見だけはふつうにする」のである。「女阪野郎ども」とは必ずしも外見だけのことではないのだ。

暗い中学、楽しい高校

自称「ふつう」の元H女子高生たちの話を聞くと、彼女たちが異口同音に言う言葉があった。

「中学は面白くなかった。暗かった。だけど、H女子高はとても楽しかった」

中学が面白くなかった理由は「みんな同じにしろ」という指導のもと、目立ってはいけないと三年間まじめにやったからだ。まじめとは、押さえつけられ自分で考えて何かをすることなく、消極的が身についてしまうことを指す。たとえばある生徒の中学では、部活動の文化部は吹奏楽と美術部しかなく、あとはみんな運動部。仕方がないのでバレーボール部に入ったものの、いつも補欠で出番がなく、体育館でひたすら体操座りをして時間が過ぎるのを待っていただけだった、という。面白いはずがない。

中学が面白くない理由の一端を、私は中学校訪問で垣間見たことがある。

高校に進学した生徒が、その学校でどのように過ごしているかを報告するため、高校の教員は中学校を訪問する。中学に行くと必ず、校長室に通される。ある中学で案内されたその部屋の入口に立った時「ここでスリッパを脱いでください」と事務員に言われ、びっくりしたことがある。玄関で下足をスリッパに履き替えたばかりだったからだ。部屋に入ると、その理由がわかった。その部屋だけ分厚いじゅうたんが敷かれ、革張りのどっしりした応接セットが置かれていたのだ。

校長室に来る者を威圧し、権威を示す、これらはその小道具なのだった。

中学全体が暗く、面白みのない場になっているわけは他にもある。中学校は三年生全員をどこかの高校に、それもなるべく「よい」といわれるところに多くを進学させるというミッションを帯びている。そのためには調査書（高校入試で合否を決めるウエイトが最も高い調書）に、その生徒が優秀であるとアピールする記述が必要だ。「ボランティアに参加した」「○○検定に合格した」などなどである。

だが高校では、ことにH女子高のように進学校とはいえないところなら、高校時代はほとんどといってよいほど学力にも素行にもシバリがない。彼女たちは、中学の三年間で沈んでいた自分を解放し、取り戻していったのである。

居場所を見つけた

――美佳

美佳は現在、結婚し、中学生の子どもと家事をしてくれる夫と幸福な家庭を築いている。H女子高を選んだ理由は担任に「おまえは女子高が向いている。共学は向いていない。H女子高はどうだ」と言われたから。あと、この学校には行事にマラソン大会がなかったからだ。

彼女が高校に入学して間もない頃、三年生の先輩から声をかけられた。美佳自身はどこまでもまじめでふつうのつもりだったが、「チャラチャラしている印象が強かったのかな」とその頃を振り返る。その先輩から「二年生に何かされたら、私に言いな」と言われた。同じ中学から来た二人の友だちも同じことを言われたという。その時はとんでもない学校に来てしまったと思ったが「ありがとう」と答えておいた。

H女子高は授業中も朝礼の時も私語が多く、あぐらをかいて座っている子もいた。美佳は〈この学校ではなにをやってもいいんだ、自由なんだ〉と感じた。ここなら自分の居場所を見つけられると。

先輩のスカートを盗む

一年の三学期、三年生が家庭学習に入り登校しなくなり、二年生は修学旅行に行く週がある。その時、「一年生の天下になった！」と思い、二〇人くらいで二年生の教室を物色した。その中に美佳も入っていた。「本当はまじめでやさしい子まで一緒にやった」と言う。これが、美佳が自主的にやった初めてのことだった。

全部の教室ではなく就職クラスだけを狙った。教室にはロッカーや机の上に雑誌や体育着などの私物がたくさん置いてあった。そのなかから読みたいマンガや制服のスカートを盗んだ。

一年生は入学してからずっと、二年生に圧力をかけられてきた。一年生の中で目立つ子や気に入らない子がいると「一年のくせに短スカ（丈が短いスカート）を履くな」とか「ヘアゴムの色は黒でなきゃダメ」「冬のセーターの色は黒、紺、茶以外はダメ」（寒い時期、セーラー服の下にセーターを着ていた）、靴の色や髪の長さ、ピアスにまで文句をつけてきた。

三学期、三年生が登校しなくなって二年生がさらに幅を利かせるようになった。このことに一年生の彼女たちは反発した。

「いま考えると幼稚ですよね。ヤンキーというより、くだらないことをして楽しんでいたんです」

美佳は、誰がやったかバレるはずはないから、〝盗ったでしょ〟と言われたらしらばっくれればいいと高をくくっていた。だが、二〇人の中に裏切り者がいて、二年生にチクった。全員先生につかまり、謹慎処分になった。

彼女たちは一人ずつ個室に呼び出されて、先生から説教され「なぜ盗ったんだ」と聞かれた。理由は単純だ。短スカを履きたかったから。「誰かに命令されてやったんじゃないか」とも聞かれた。でも、仲のよかった純子ちゃんははっきり「自分たちで勝手にやったんです」と答えた。全員がそう答え、一週間の家庭謹慎になった。

そのあと、二〇人は二年生から呼び出されて「お前ら一年が短スカを履いている姿なんか見たくない」と言われた。二〇人は謝り、盗んだものを返してこの件は収まった。

「お前はいくつだ」

第3章で述べたように、九〇年代初め、H女子高の管理教育はほとんど払しょくされ、自由な学校へと雰囲気が変わっていった。生徒指導の内容も「取り締まる」から「生徒とフレンドリーな関係を作る」に変わった。

美佳はよく生徒指導の教員に捕まり、「お前はいくつだ」と言われ、ヘッドロックをされていた。

いくつだというのは、何歳だという意味ではなく「いくつ校則違反をしているんだ」という意味だ。この教員は厳しく指導して押さえつけるのではなく、役目だからやっている、それも「自分はフレンドリーなやり方で指導している」と思っている。一方、美佳には校則違反をしているという意識がそもそもない。だからヘッドロックを「フレンドリーな指導」ではなく「私とじゃれている」と思っていた。

彼女たちにとって制服をいかにかわいく着るかは大事だ。例えば上着の丈を短くする、胸当てを下げて着るなどほんのちょっとしたことだ。ブラウスとブレザーが制服という学校で、ブラウスの上のボタン二つくらいをはめないで、リボンを下げて着ていることがある。大人は「着くずしている。だらしがない」というが、当人にとっては「かわいい」のだ。美佳はこう言った。

「制服の着方ひとつをとっても、校則違反と言われないので〝認められている〟と感じて、この学校が大好きになりました。いま、もしH女子高で用務員さんを募集していたら応募して働きたい。生徒が壊した椅子を直したり、校庭の枯葉を掃除したりして暮らしたい」

彼氏について

「私もいたけれど友だちもみんないた」

美佳が最初に付き合った男子は、進学校であるK高校のB君で、一年の半ばから三年の初めまで付き合った。通学の電車内で知り合った。カッコよくて顔が好みだった。通学の電車の中で一緒にいた女友達から「告白しちゃいなよ」とそそのかされて告白し、付き合うことになった。その頃B君はK高校の女子生徒六人から告白されていたが、「かわいくなかったから」とみんな断わっていた。

「年頃の男子は見た目がかわいい子と付き合う」と美佳は言う。

B君はテニス部で毎日夜七時まで部活があったので、放課後会うことができなかった。ただ、ラケットのガットが切れると修理に出す。そうすると部活に行けなくなるので、会うことができる。

そこで彼女はある日の放課後、彼に「ラケットを見せて」と言って、彼がラケットから目を離した瞬間、ガットにケリを数発入れた。それから数日後、ガットが切れたのを知り、「やったぁ」と思った。彼は美佳の仕業とは気づかず、ガットが早く切れたのを不思議がっていた。

K高校の女子生徒から「H女子高のくせにうちの高校の男子に手を出している、バカ高の女子はもっと下の高校と付き合っていろ」とか「K高校の女子六人から告白された男子なんだからお前が付き合うのは頭が高い」などと言われた。誹謗中傷というより妬みやっかみである。

三年になった時、B君の母親から「息子の大学受験の邪魔になるから、付き合うのをやめてほしい」と言われた。B君とはそれで終わった。母親の言いなりになる彼を見て、終わりになってよかった、と思った。

そのあと、友だちの紹介で二歳年下の子と付き合った。ちょっとヤンキー系の男子で外見は中の上。付き合ったら急に横柄になったので美佳が「別れたい」と言うと、かなりショックを受けていた。その直後美佳の悪口を言いふらすようになった。

美佳は「彼氏を選ぶのは自分で見て決めないと嫌な思いをする」と言う。その一方で、「男子との付き合いはなくてもよかった」とも言う。周りでみんなが彼氏を作っているから、憧れもあったし、いないと恥ずかしいと思っていた。そのよい例が学園祭だ。卒業アルバムに載った学園祭の校舎内写真には、男子が結構いる。そばには必ず女子生徒がいる。そうして一緒に歩くのが彼女たちにとってのステイタスなのだ。なかには彼氏が車で校門まで迎えに来ているとか、クリスマスとか花火大会などイベントの時、誇らしげに一緒に歩いている子もいた。ケイタイもスマホもない時代、連絡を取るのに校舎の窓から外にいる彼氏に向かって大声で会う約束をする子もいた。

万引き

美佳が三年生の時、鎌倉遠足があった。

電車が駅に着いたとき、担任から「お前らどこか別のところに行こうと思っているだろう。そんなことしたら帰りの電車に乗れないぞ」と釘を刺された。先生に忠告されても「女阪野郎ども」はそれぞれ行きたいところに行く。美佳は仲良しの純子とデパートに行って遊んだ。めぐみは川崎にいる彼氏に会いにいった。藤沢に行った子は、行くときはぼろい靴を履いていたのに、帰りに鎌倉で集合した時は新しい靴を履いていた。どうしたのか聞くと「靴屋に入って新しいのと取り換えてきた」と平然と答えた。

美佳自身は、友だちがやっているのを目撃はしたことはあるけど、自分は万引きをしたことはないと言い、次のように付け加えた。

「一度万引きをするとお金を払うのがばかばかしくなる、という話を聞きました。最初は遊びのつもりが、バレないとわかると店から品物を持ってきても平気になるそうです」

いまは幸せ
——淑子

淑子は今どきの四〇代主婦の一つの典型である。簡単に彼女のライフヒストリーを追っていこう。

中学時代は「いらないモノは持ってこない」という指導で、クシすら持ってきてはいけなかった。見つかると取り上げられて折られるという具合で、体罰もひどかった。だからおとなしくしていた。学力は高くなかったが、短大に行きたかったので、普通科ばかりのH女子高を選んだ。

入学早々、いわゆるヤンキーが多いことに少々驚いた。学生カバンはぺちゃんこ、生徒が荒れている、明らかに普通じゃないと思った。先生もどこか変な人が多くて、生徒はあだ名をつけて呼んでいた。そのうち淑子もカバンをつぶし、パーマをかけ、スカート丈を短くして，流行りに乗ろうとした。バイトを始めたのもこの頃。友だち三人とハンバーガーショップでやった。学校が終わってバイトに行くまで時間があったので、量販店の雑貨売り場で時間を潰した。友だちがマスカラ、アイシャドウなどのメイク用品やマニキュアを盗っているのを見ていたが、悪いことをしているとは思わなかった。

自転車通学だったので帰りによく公園に寄って公衆電話を掛けた。そこにはテレホンクラブのツーショットダイヤルが張ってあった。相手の男が出ると自分たちがいる公園を教え、茂みに隠れてどんな男が来るのか見ていた。三〇代くらいの眼鏡をかけたオタクみたいなオジサンが来たこともある。テレクラで釣られる男を見て楽しんでいた。

高校で勉強はまったくしていない。彼氏はいなかった。でも学校は毎日が楽しかった。友だちの影響で、卒業後は首都圏にある短大に行った。ファッションの仕事がしたかったのでそれが勉強できる短大だったから。細かな手作業が好きだったので、そのあと歯科技工士の資格を取り、就職したがすぐにやめて、トリマーの資格を取り、トリミングの仕事をした。が、動物アレルギーのあることがわかってこの仕事もやめた。

社会の波に乗って生きる

二四歳の時、年収とか性格とかがはっきりわかるので、結婚相談所の紹介でお見合い結婚した。今の夫にしてよかった、と淑子は言う。夫は優しく家事もやってくれて不満は全然ない。子どもは生みたくなかった、というより生むことなど考えていなかったけれど、結婚した流れで生んだ。今年、娘が大学に入って嬉しかった。自分はパートで製品検査の仕事をしている。七人の小さな会社で課せられる仕事がきつくてやめる人も多いけれど、自分には向いている。家庭は順調だし、社会にも不満はない。

四五歳になるまでの淑子の話から、彼女は物事を疑うことなくありのまま受け入れ、その社会に乗って生きているタイプだと感じた。悩みがなく、社会への不満を持たず、日本社会の表層を見てそれを享受している。

オシャレに目覚め、解放される
——香奈

九〇年代、安価な化粧品が量販されるようになり、女子高生でも簡単に手に入れられるようになった。化粧する生徒とそうでない生徒がいるが、それは性格や友だちなど環境による要素が大きい。生徒の多くは化粧するのは初めて。文化祭などをきっかけに始めることが多い。その場に教員がいてもお構いなしに堂々と始める。化粧の基本を知らないから素肌にいきなりファウンデーションを塗り始めたりする。思わず「そんなことしたら肌にダメージがあるよ」と言おうとしてやめたことがある。注意したらむしろ化粧を勧めることになりはしないか、と思ったからだ。

女性と化粧は不可分だ。化粧する理由は「異性を引き付ける」がほとんどかもしれない。だが、大人になるにつれ自分の顔を作る（メイクアップ）ことによって、その日の仕事のモチベーションを上げるなど、化粧の意味合いは変わってくる。それはともかく、「化粧の問題」は、女は相変わらず外見で判断され、他人の目を気にせずにいられない社会と関係する。女性が男を頼らねば生きていけない現実、これを女子高生に教えるのは至難の業だ。

四〇代になった香奈に会った時、彼女の顔を見て、化粧の仕方はその人の性格、もっと言えば生き方すら反映するのではないか、と感じた。香奈はファウンデーションを顔の隅々まできちっとつけ、頬紅もルージュもまんべんなく塗り、眉毛はきれいな弓型に引かれていた。ピアス、マニキュア、髪型に至るまで細心の注意を払っている。一言で言うなら几帳面なのだ。彼女の話は次のようだった。

ヤンキーに染まる

公立にしてほしいと親から言われ、H女子高に決めた。授業は誰も聞いていないけど、たくさんの友だちに出会えた。それまでは恥ずかしがり屋だったのが、すっかり解放された。

入学してすぐ、上級生に「ドヤンキー」に見える生徒が多いのにびっくりして、ドン引いた。その頃のヤンキーはロングスカートで、弁当箱を一個だけ持って登校してくる、トイレでタバコを吸う。そういう先輩は腕なんかに「根性焼き（タバコの火などを押し付けて自分の腕を焼く）」を入れていた。一年生で短スカを履いているのが気に入らないと呼び出された子もいる。友だちにもボコボコにされた子もいた。ヤンキーはけんかもするけど仲間意識が強くて、いざ友だちになるといろいろ心配してくれる。ヤンキーの先輩から、金髪の色が違う、とてもダサいと言われた。校則が厳しくなかったので、みんな髪を染めていたし、自分も染めた。

二年になってオシャレに目覚めた。古着やスニーカー、ピアスなんかを売る店に行ってどうやったらオシャレに見えるかを研究した。ピアスの穴を大きくするために、一つの穴にたくさん詰め込んだりした。

同級生でコンパニオンのバイトをやっている子もいた。H女子高の生徒だけではなかった。ワゴン車でバイトの子を拾っていく。制服のまま乗り込んで事務所に用意してある服に着替えて、旅館などの宴会場でお酌をする。時給がいいのでコンパニオンをやっている子はすぐにわかる。金遣いが荒くなるからだ。

売春と思われることをやっている子もいた。飲み会に男の人に誘われて居酒屋に行く。そのあと男から二〜三万円もらってラブホに行ったと、仲のよい友だちから聞いた。その子からは、洋服を試着室にもっていってバッグに入れて持ち帰ったことがあるとも聞いた。

彼氏について

香奈は、彼氏がいる子はたいてい性関係があったと言う。彼女も数人の人と付き合った。一年の時、S高校の生徒と付き合った。きっかけは居酒屋で会ったこと。でもすぐに別れた。タイプじゃなかったから。そのあと同じS高校のオシャレな男子と付き合ったけれど、これが酷い男だった。香奈に向かって「足が太い」「お前は口ばっかりだ」とか話のはしばしで嫌なことをズケズケ言う。男の嫌なところを見てしまった気がしたけど、選んだ自分がダメなんだと思った。

卒業後は年下でN高卒の社会人、ビルの清掃業をしている人と付き合った。二三歳くらいだった。たまたまある店に客として行ったときに「好きだ」と言われたから。香奈もすてきな人だと思ったけど、元カノが出てきたので別れた。

自己肯定感

ここまで話すと香奈は急に話題を変え、人生相談のようなことを言い始めた。

「私、自分のことが大嫌い。とても自己肯定感が低いんです。スピリチュアルなことが好きで、霊を信じています」

彼女は自己肯定感を高めたくてヨガをやった。ヨガのレクチャーを受け、先生から言われたある言葉で気持ちが晴れ、少し前向きに考えられるようになった。先生の言ったこととは次のようだ。

「自己肯定感は高いばかりがいいのではない。自己肯定感が高いと、傲慢になったりうぬぼれたりする。自己肯定感が低ければ、それは謙虚につながる。謙虚というのは人間にとってとても大事な要素です。誰も謙虚な人は嫌わないでしょう」

この言葉を聞いて「ああ、物事も社会もそうだけど、人間の性格も表があるように裏があるんだ、表ばかり見ていてはいけないと気がついた」と言う。この頃からようやく自分で自分を受け入れられるようになった。若い時は外見を気にしすぎて、自分のことが受け入れられなかった。自信がなくて、深く悩んでいたけれど、それ以来自分が嫌いだと思うことは少なくなった。

結婚は遅くて、三七歳の時。結婚がきっかけで仕事をやめて、四一歳で子どもを生んだ。子どもはどうしても欲しいとは思わなかったし、できなくても夫と仲良く一緒にいればそれでいいと思っていた。いま三歳で、手が離せない。だけど、もう少し大きくなったら、パートではなくちゃんと働きたい、と言う。

「自己肯定感を高くしたい」という香奈の言葉に、「心の教育」を思い出した。八〇年代後半に学校教育の中に入ってきた。九〇年代になると心理学ブームが起き「自分で自分を肯定しなければいけない」という雰囲気が作り出された。香奈の話はこのような世相を反映し、「自分はダメな人間だと思うのはよくない」と考えるようになったのではないか。

高校時代は、いろんな場面にぶつかり自分の至らなさ、いやなところに自覚的になる。そこでどうしたらよいか悩み、暗中模索する、このプロセスが大事なのだ。ところが「心理学ブーム」は悩み、模索するプロセスの重要性を教えなかったのかもしれない。香奈もこのプロセスがないまま、自己肯定ができない自分はいけないと思い込んだ……。彼女のきちっとした外見は、おしゃれや化粧によって自分のいたらない部分をカバーしているのかもしれない。

学校の権威が失墜して

モノが豊富になり、しかも手短な方法で手に入るようになったとき、それを享受する高校生の意識は変化した。モノを作るには素材がいる、手間暇がいる、だからモノには値段がある。この当たり前のことがわかりづらくなった。行き過ぎた資本主義は「犯罪の遊び化」を生み出した。これは校則で規制すればよいというものではなく、また違う側面を持っている。

万引きが犯罪の遊び化だとすれば、彼氏と付き合うのはほとんど性的関係があることと同義だから「性行為の軽量化」を生み出した。「純」と「不純」の境目が薄くなったともいえる。その背景には新自由主義と資本主義の広がりとともに選択の自由が増大したことがある。校則を無視し、教員に服従せず抵抗する態度を、反学校の文化という枠組みだけで捉えるのは不十分になった。戦後のある時期まで保たれていた学校に対する尊敬の念や権威が薄れ、失墜し、管理統制がきかなくなり、社会のモラルもまた堕ちてしまった。

かつて私は「若者のひきこもり」をテーマに、一〇代から二〇代の人に聞き取りをしたことがある。彼らの半数近くが「将来に希望を持っていない」と答えた。これは社会のモラルが失墜したことと関係するのではないか。社会モラルの崩れが、若者の人生への達観、諦めにつながっているように思われた。この達観や諦めは社会の低位にいる女性により顕著に現れるように思う。ところが今回聞き取りをした「女阪野郎ども」は、思いのほか社会の底辺にいるという認識を持っておらず、人生を諦めているようにも感じられなかった。

なぜだろうか。

彼女たちには一〇代から性行動の自由があり、モノがあふれ、コンパニオンなどのバイトで大人社会のどうしようもない側面を見聞きし、社会の何たるかを学んでしまった。「女阪野郎ども」に見られる図々しさ、しぶとさ、したたかさはこの点によるものが大きいと考えている。

かつて、そしていまも、女性が社会で躓いたとき這い上がる方法の一つが結婚である。あるいは、彼女たちに残されたセーフティネットは結婚制度しかなかったと言えるかもしれない。そして結婚後、家庭を支えるのは女性であったし、今もあり続けている。結婚によって男性は女性を低位に置いてきた。だが、この構図を維持するのが困難になっている。女性が稼ぐことが当たり前になり、様々な経験を積むようになり、社会を知り、現状の理不尽さに物申すようになったからだ。だから結婚制度にほころびが目立つようになった。結婚制度にほころびが生じたとき、女性のほうが圧倒的に強く立ち向かう。「女阪野郎ども」は、生きる力が強い。転んでもただでは起きないたくましさがある。このことは次に紹介する節子の話でも感じたことだ。

記憶が薄い中学高校時代
——節子

節子と会った時、彼女はノーメイクだった。気持ちがオープンで、エネルギッシュな印象だが、外見とは裏腹の生きづらさを語ってくれた、H女子高の卒業生では数少ない一人だ。

奔放な高校生から社会人へ

中学も高校もほとんど記憶に残ることがない、と言って彼女は頭を抱えた。中学では茶髪にしていたし、掃除はさぼって帰宅していた。高校は自分の学力で行けるところがH女子高だけだった。でも高校の三年間は貴重だった。何より男子がいないから気を使わなくていい。休み時間に教室で腋毛を抜いている子がいた。三年生のキレイな先輩が女同士で手をつないで歩いているのが衝撃的だった。

入学したての時、怖い先輩が六、七人でグループを作っていて、一年生で金髪にしたり短スカを履いたりして目立つ子がいると、そのクラスに行って呼び出して「オマエ、生意気なんだよ」

と脅していた。体育祭で「棒取り」（グランドに並べてある棒を、両チームが引っ張って取り合う）の時、先輩に蹴られた。喫煙は珍しくなく、節子もマイルドセブンを吸っていたが、数年でやめた。「タバコは酒やギャンブルをやらない代わりだったと思う」とその頃を振り返る。万引きをしたこともある。コンビニでバイトをしていた時、ガムとかチョコレートを持ってきたりした。友だちの車で人気の少ない山に行って、シンナーを吸ったこともある。

中学二年の時から付き合っていた人がいた。でも、節子のほうで好きな人ができたので別れてと言った。二股かけるのが嫌だからだ。この彼とはバイトで知り合ったのだけど、数か月でふられた。そのあと、友だちの紹介で、中卒で働いていた鳶の仕事の人とこれも数か月付き合った。中学の時の友だち家に四人で集まって、そこからタクシーでラブホに行ったこともある。高校でもっとちゃんと性教育を受けたかったと、いまさらだが思うことがある。

高校三年になっても、将来のことはほとんど考えていなかった。学校に求人が来ていたFというトロフィーや賞状を作る会社に正社員として勤めた。でも、社員が三〇～四〇代のおばさんばかりだったのですぐにやめた。そのあと、カラオケの会社で働いた。客の注文を受けて部屋にドリンクとか料理を運んだりする仕事で、そこに一〇年いた。そのあと宅配会社の職員として今も働いている。一三年目になるけれど、時給一二五〇円のパート。

ずっとパートなのは、とりたてて不都合がないし、正社員は男性が多いから。この会社では注文のあった品物の宅配をし、新たな顧客を得る営業をやっている。基本、肉体労働でかなりきつい。

結婚は二九歳の時で、できちゃった婚。高校二年の娘が一人いる。

未来に希望が持てない

節子は高校卒業以来ずっと働いてきた。世間とつながりが欲しいし、主婦になるのが嫌だったし、家にずっといても面白くないからだ。その後でこう言った。

「六五歳くらいで死にたいと思っている」

なぜそう思うのか。答えは「お金がないから」

「いまも、これからもお金はないと思う……。年金もないでしょう」と言う。

彼女は自分がもらう頃になれば、年金はほとんど出ないと思っている。いま給料から引かれている保険料は、社会に寄付しているようなものだと割り切っている。日本は税金などのお金を徴収することには一生懸命だけれど、国民が受け取ることができるお金については教えてくれないことがほとんどで、知らないと損をするだけ。生活保護を受けている人を知っているけど、パチンコに行ったり犬を飼ったりしている。本当に困っている人だけが受けるべきだ、と主張する。

家族も金の切れ目が縁の切れ目。最終的には誰も助けてはくれない、だからお金がなくなったら死ぬだけだ、と彼女は言う。父親は七七歳で車いす生活。「これは私が思うことで決して親不孝な気持ちではないのだけど」と前置きし、「父親も早く死にたいんじゃないかな」と言う。父のような老人を見ていると安楽死には賛成だ、早く死なせてあげたほうがいいんじゃないか、とも。

節子の社会時評は続く。

ニュースを見ていて思うこと、その一つは死刑をたくさんやったほうがいいということ。「犯罪者は早く殺すべきだ」と彼女は言う。これはあまり深い意味があって言っているのではない。なぜなら「死刑廃止論が日本で進まないのは、未来に希望が持てない人が多いからではないか」と、現実の把握ができているからだ。

彼女は親が、特に母親が嫌いだ。結婚した時、一人娘なので親と同居したのだが、この頃から嫌いになった。同居しているとき、家賃代わりに六万五〇〇〇円を家に入れていた。それでも「電気代とかガス代がかかりすぎている」とお金にうるさい。母は車いす生活の父を貶めている、それを見るのは辛い。それで家を出てアパートを借りて別居したが、娘が小学校に上がる時実家に戻った。初めからそういう約束だったから。いまは、食事も洗濯も全部別にしている。

さらに、政治家にお金をかけすぎている、という不満もある。国会議員は報酬が高いうえに、新幹線はタダとか特典がたくさんつく。彼女自身は一度も選挙に行ったことがない。だけど、もし応援した候補者が当選しても政治家になればその人の公約はどこかに行ってしまって、次の選挙のことしか考えなくなる。つまり、誰がやっても政治は変わらない。もう一つ思うことは日本の教育はくだらない、英語の文法なんて使う人はいないし、英会話もほとんどの子は使わない。役に立たないことを教えても仕方がない。

ここまで一気に話すと、節子はこう言った。

「生きていて不幸ではないけど、幸せでもない。だけど、お金がなくてもがつがつ働きたくない」

だから六五歳で死にたいと言う。

「生きていて不幸ではないけど、幸せでもない」

これは彼女の本音だ。「未来に希望が持てない」のだ。この思いは、彼女の家庭と社会の経験から来るものだろう。もしかしたら「不幸でもなく、かといって幸福でもない」という中途半端な状態よりも、いっそ「不幸ばかり」のほうが幸せなのかもしれない、と私は思った。

だが、一方でこうも思う。

九〇年代前後から世の中は大きく変化した。彼女たちが高校に入った頃だ。学歴を積んで資格を取れば何とか生きていける、真面目に働けば年金が出るという時代ではなくなった。先行き不透明で、親の世代が生きてきた道を踏襲できなくなった。にもかかわらず、女性のライフコースは昔のままだ。節子はそんな社会分析をしているわけではないかもしれない。だが、この事実を直感している。

節子が「直感している」と私が感じた内容は、男性だと仕事がうまくいけば評価される。だが、「女阪野郎ども」を含め、いまだに女性は高学歴でも仕事で評価されるチャンスが少ない。なんだかんだ言いながら結婚して子どもを生むという枷が根強くあって、このハードルを越えなければならない。結婚もしない、子どもも生まない自分はダメなのだと感じている女性はいまも多い。まずはこのハードルを越えようとする。そうこうしているうちに、仕事では完全に男性に追い越されてしまう。子を生み、子育てをしながら仕事もしようと思えば、仕事はほどほどにしておかなくてはならなくなる。節子の不満の背景には女性が抱えるこの問題が潜在しているように思われた。

彼氏は欲しい

――ゆかり

ゆかりは高校時代をエンジョイできたとは言い難い。彼女は社会に出て二〇年余り、学業を終えてからずっと保育士を続けてきた。仕事における非合理と女性差別を感じている。高校までは曲がりなりにも男女平等がある。社会に出ると、賃金と社会的地位の低さが女性をより辛い立場に立たせるようになる。

劣等感のかたまりになる

ゆかりは中学の時はバスケット部で目立っていたが、中学三年になってやめてから太った。ダイエットをしたけど楽をして痩せるのは無理だと感じた。太ったことで劣等感が強くなった。それまでの自分じゃないように思え、鏡を見ることができなくなった。劣等感が強くなって、同じグループの子としか話せなくなった。つい他人と比べてしまい、自分の存在を否定したくなる。

高校は、偏差値ではなく、マラソン大会がないこと、姉が通っていないこと、中学までの友だちがいないということでH女子高を選んだ。高校に入ったときの印象はキレイな人がいるなということ。弓道部に憧れていたので入部したが、一年でやめた。新一年生が四〇人も入部したからだ。

高校の時もずっと太っていたので、そんなことから人の好意が素直に受け入れられなくなった。その気持ちは大人になってからも続いた。劣等感が強いのに、高校で彼女が入ったグループはキレイな子が多く、男子からもてていた。キレイというのは細くてスマートでかわいくて、気が利いて明るいこと。共学だったらサッカー部とかのマネージャをしそうな子だ。女子の半分くらいは化粧をしていた。化粧は禁止なのにマスカラやつけまつ毛を付けて、みんなキレイでいようと気を使っていた。誰もがかわいくいたい、彼氏が欲しいと思っていた。彼氏がいないのは恥ずかしいと思っていたから、ゆかりも彼氏が欲しかった。

教室で、いたずらの手紙が机の中に入っていることがあった。誰かが男子から預かって入れたのだ。ゆかりのところにも「好きです」みたいなことが書かれた手紙が回ってきた。冗談とは思いながら気になって、会いたいという場所に行ってみたけれど男子は来なかった。その男子はゆかりの友だちと付き合っていた。

帰宅部、合コン

部活をやめて帰宅部になり、バイトを始めた。バイトをやっているから、彼氏ができても時間が合わないという生活になった。

学校で楽しかったこと、歌が好きなのでカラオケに行って安室やSPEED、ドリカムとかの歌を歌ったこと。ただ、自分から進んでカラオケに行ったわけではなかった。他校の男子生徒三人と女子三人で合コンしたり、ボウリングに行ったりもした。キレイな子はたいてい男子とつながっていたので、ゆかりは人数合わせに誘われていただけだった。

ある時、他校の友だちと三対三で居酒屋に行った。そのあとラブホに行くことが決まっていたのだが、ゆかりには知らされていなかった。流れで知らない男の人と二人で部屋に入ることになった。「どうしよう、ここから誰かに電話しようか」と焦っているとき、その人は「数合わせで連れてこられたね」と言ってくれて何事もなく帰ることができた。

高校では告白されて付き合うというのは、そういう関係があることを意味していた。そう考えるとゆかりにとっての高校時代はいい時代だったとはいえなくて、もう一度やり直したい、いい思い出作りをしたいという。

バイトの功罪

初めてのバイトは寿司のチェーン店。巻き寿司なんかを作る仕事だった。ほかにもいろんなバイトをやったけど、お金を使うことがなかったので貯金を始め、三〇万円とか五〇万円たまると定期にして、高校生なのに貯金が趣味みたいになった。

コンパニオンもやった。三年の時、人が足りないからと同級生に頼まれた。二時間で五～六千円というのが相場だったが、箱根とか伊豆の温泉場に行くまで時間がかかる。仕事の前には朝礼があって、挨拶の練習などをする。全部で五、六時間かかるから一概によいバイトとはいえなかった。

コンパニオンのバイトをして「大人ってたいしたことない」と思った。セクハラはするし、酒に酔った勢いで大人としてどうかというような振る舞いをたくさん見た。経験としてはよかったかもしれない。だけど、コンパニオンやスナックのバイトをしたことで人間不信になった。ことに酒を飲んで酔った大人は信用できない。人付き合いを勉強した面はあるけれど、やらないほうが自分らしさを失わなかったかもしれない、とゆかりは言う。

社会人になってから人に対して壁を作るようになり、「話しかけるなオーラがすごい」と言われたことがある。仲良くなるまでに時間がかかる、人見知りと警戒心が強かったと思う、と振り返る。

保育士の仕事

劣等感のかたまりだったというゆかりは、卒業後は保育士の仕事を一貫して続けている。やりたい仕事は保育士。そう思ったのは、コインロッカーベビーのニュースを見て強烈な印象を受けたのがきっかけだ。もともとは乳児院に行きたかった。父から「最低でも短大に行け、それも福祉系の資格を取れ」と言われたので、保育士と社会福祉主事任用資格を取った。資格取得後、乳児院の試験を受けたが倍率が高くて落ちてしまった。その頃ある託児所のオーナーから声をかけられ、パートとして勤めたが一年でやめた。そのあとA市の保育園に行ったが、ファミリー経営のところで労働条件が悪く三年でやめた。

次はS市の公立の保育園で非常勤として一〇年勤めた。この間、S市の公務員試験を受けようとしたが、保育士のほかに幼稚園教諭の資格が必要だったので、通信教育で取り、公立幼稚園で三年働いた。幼保一元化（筆者注：明確に区別されていた幼稚園と保育園の施設を一元化すること）は、ずっと言われているが、この考え方は現場で実践されていない、とゆかりは嘆く。保育園、こども園といっても教育色が強いところが多いのだ。ゆかりは幼児教育よりも福祉系、つまり家庭での保育に欠ける子どもの世話をしたい、だから保育を軸にした施設で働きたい。転勤を繰り返したのはそんな理由があったからだ。だが、現場はずっと教育と福祉・保育の溝が埋まらないでいる。

今は、これまでのキャリアが生かせる小規模保育に勤めている。職員はパートも含めて七人。二年目に施設長になった。

これまでずっとシングルで働いてきたが、働くうえで男女差別を感じている。男女で賃金が違うし、女性で子どもがいる人が思うように働けない現実を見てきた。

結婚はしたくないというわけではない。これまでマッチングする相手がいなかっただけ。出会いがあって気の合う相手がいたらしたいと思っている。婚活をしながら仕事をしている。

ゆかりは本章の初めに示した「ふつう」の女子高生の要件のうち、満たしていたのは、二つかせいぜい三つ。だから、「ヤンキー」とは言えない。だが、学校文化に馴染みたくない気持ちを持ち続け、勉強はせずバイトをしたり、友だちに引きずられたとはいえホテルに行くなどの行動は「女阪野郎ども」に近い。引っ込み思案なために、自分の思いを素直に行動に移せなかった。結果、彼女は「ふつう」の女性がたどるライフコースをたどっていない。

一方で、彼女が持ち続けた劣等感は、その後の保育士一筋の仕事に関係するように思われる。劣等感、自己肯定感が薄いというメンタルは、内向的といえる。内向的だから、意識は自己を見つめ、内面を深め育てる方向に向かう。このようにして培われたメンタルが「乳、幼児期には教育よりも、福祉、保育が必要だ」という保育観を持つことにつながり、それが確信に至り、自己の職業観を高めていったのだと思える。

第6章　結婚はしません

結婚制度のほころび

女子高生の最大の関心事はオシャレと男、そして憧れるのが結婚である。H女子高の学園祭で最も盛り上がるイベントがあった。洋裁部が縫ったウエディングドレスを洋裁部の誰かが着て、若い男性教員に新郎役を頼む。にわかカップルは腕を組んでウエディングマーチに乗って舞台から会場を練り歩く。会場の女子高生は紙吹雪を飛ばし拍手喝采、熱狂する。自分もいつかあのようになるのだと……。

今回の聞き取りで、彼女たちが結婚した動機で多かったのができちゃった婚だ。できちゃった婚は性の軽量化の産物だろう。相手の性格、考え方、人生観に共感して、結婚に至ったという経緯はほとんどなかった。

法律は結婚を男女平等に基づき、両性の合意で成立すると規定する。しかしこれは建前である。このことを高校生が見抜くのは難しいし、そもそも関心はない。実際の結婚制度は性別役割分業（男は仕事、女は家庭）を前提としている。女性の賃金が異常に低いのはいずれ夫に養ってもらえる主婦優遇税制があるからだ。ところが近年、労働者の賃金が上がらず、低位に抑えられるようになり、一人働きで妻子を養い通すのが難しくなった。妻は夫の扶養範囲内の家計補助として働かざるを得ない。

このような現実があるにもかかわらず、女子高生の多くはこの制度と慣習（女性が氏を変える、職業を中断する、居住地を変える、出産、育児のため職業を中断するなどなど）が理不尽であることに気づかない。気づいてもこれを肯定し、従わざるを得ない社会構造がある。

結局、憧れた結婚生活で挫折し、彼女たちのうち何割かは結婚の男女不平等と社会の不条理に突き当たり、この制度のほころびに気づき、人生をリセットしたいと考える。

そもそも二〇歳そこそこの女性が、ただ一人の男性に生涯をかけようと判断し、結婚しても、成功率はそんなに高くない。判断力が欠如していたうえでの結婚が成功するかどうかは、ほとんど女性の忍耐力にかかっている。女性の忍耐力が欠如していれば離婚に至る。離婚した時の記力が欠如していれば再婚する。そんな時、女性はどのように人生を切り抜けるのだろうか。

元H女子高だった彼女たちの体験には、結婚制度のほころびがわかりやすく提示されている。

チャラ男と別れたあと
――由紀

由紀は結婚に漠然とした憧れを抱き結婚したが、離婚した。離婚直後、女子高時代には想像できなかった行動に出て、この困難を切り抜けていく。

出産と離婚

彼女は結婚が早かった。相手は高校の時に付き合っていた彼だ。彼はちゃんと仕事はしているが、チャラ男だった。「結婚したら男が養ってくれるもの」と思っていたから、一九歳で結婚して二〇歳で子どもを生んだ。高校の頃は、早く結婚して早く子どもを生むのが夢で、それが幸せなんだと思っていた。由紀にとってライフコースはここまでしか頭になかった。が、人生はそんなに甘いものじゃないということはすぐにわかった。

生まれたばかりの子どもを一日中見ながら、ご飯も作らなければいけないし、買い物もしなければいけない、何でも一人でやっていた。それなのにあいつ（由紀は夫をあいつと呼んだ）は好き勝手なことばかりしていた。何か言うと「オレには仕事がある」。この一言を言えば女はご無理ごもっともですと言って黙ると思っていたみたいだった、と言う。

ある日あいつとケンカをした。どんなことが原因だったか思い出せない。それくらい些細なことだった。だけど、ずっとあいつには言いたいことが溜まっていた。その時のケンカは決定的で、あいつは「お前とは離婚する。オレはこの家を出て行く」と言って、出て行ってしまった。

由紀はあいつがいなくなって心からせいせいした。だけどそれはつかの間だった。次の日、大事なことに気がついた。あいつが貯金通帳やキャッシュカード、金目のものを何から何まで全部持って出ていったからだ。家賃も払えないし食べる物も何も買えない。三歳にならない娘がいるのに、酷い男だと思った。だけど、あとの祭りだった。

職を探す

翌日から由紀はスーパーなどに置いてある就職情報誌を見て、片っ端から電話をした。恥とか何とか言っていられなかった。お金を稼がなきゃ生きていけないのだから。だけど世の中は冷たい。二歳の子がいるシングルの女なんか、たとえパートでも雇ってくれるところなどなかった。必死で手当たり次第に電話をした。三〇件を越えたところで、ようやく一件だけ「いいですよ。

明日から来られますか?」と言ってくれるところがあった。小さな建設会社の事務職で、パートではなく正社員の口だった。翌日から勤めると、とてもよくしてくれて社員旅行まで連れていってくれた。

就職口が決まった時、その足で娘を預かってくれる保育園を探した。幸運なことが続いて家の近くにある保育園に空きがあった。それからずっとその会社で働いている。

養育費を取り立てる

あいつとはそれからすぐに離婚した。離婚は簡易裁判所の調停に持っていった。そこの調停員がいろんなことを教えてくれた。「子どもの養育費を負担するのは父母の共同責任なんだよ」と言われた。父親にも払う義務があるということを初めて知った。だけど現実には、離婚した男の八割くらいが養育費を払っていないことも聞いた。由紀が「子どものために養育費を取りたい」と言ったら、強制執行する制度があることを教えてくれた。それで、あいつに義務を果たしてもらおうと養育費取り立ての制度を教えてもらい、すぐに実行した。

五年目くらいまではきちんと払っていたのに、そのあとあいつは再婚したからと払う額を減らしてきた。せこい男だと思った。子どもが二〇歳になるまでは払う義務がある。だからきちんと取り立てられるように算段した。その後、お金はちゃんと払ってきたので全額積み立てて、子どもの学費にしようと考えた。おかげで娘は短大に行くことができて、今は社会に出て働いている。

先輩は怖いけど、自由な雰囲気
――美津子

美津子は離婚し、再婚してまた離婚した。決して珍しくないケースだが、二回の離婚は彼女に一人で稼ぎ生きていくことを教えた。

美津子の行った中学は荒れていた。校内に暴走族が入ってくるようなところだった。

彼女は一人でいるのが好きだったが、中学では女子六人でグループを作って、そのうちの一人をシカトする、そんなことをやっていた。それがイヤで、早く卒業したい、中学の生活をリセットしたいと思っていた。

高校は県立で普通科というのが親の希望だった。中学から遠い学校にしたかったのでH女子高を選んだ。入学したときの印象は「先輩が怖い、だけど雰囲気は自由だな」ということ。入学式の日にマニキュアをつけていって怒られた。担任から「あんたは一番早くやめる（退学する）」と言われた。

教室では一年の時から授業中〝ウノ〟をやっていて、先生に注意された。率先してウノをやっていたGちゃんがいきなり教科書とノートを床にたたきつけて、先生に向かって「オマエ、拾え！」と言った。先生が拾ったかどうか覚えていない。だけど、注意されたほうが悪いのに逆切れしたのに驚いた。ほとんどの子は教科書もノートもいつもロッカーの中だった。

女子高校は楽しい

一年の二学期からはさらに教室内が雑然としてきた。帰りのショートホームルームは化粧の時間になった。女子だけの学校だからできたことだ。美津子も女ばかりでいるほうが楽しく、本来の自分でいられると思った。

ミスターチルドレンのファンだったので首都圏までコンサートに出かけた。終電に間に合わなくて、歩道橋の上で夜明かしした。夜中に自宅から一〇キロ以上離れた友だちの家に遊びに行って、朝帰りしたこともある。

制服は好き勝手な着方をしていたので、「スカートが短い」「スカートの下にジャージを履くな」といつも生徒指導の先生に尻を叩かれていた。クラスの四〇人はみんな密につながっていたので、持久走やスポーツテストの記録をごまかしたり、修学旅行ではトイレでタバコを吸ったりしていた。学校は遊びに行くところだった。毎日が楽しかった。「勉強しなきゃ」という雰囲気はないし、不登校の子なんかいなかった。

手に職をつける

三年になった時、親に「手に職をつけろ」と言われた。美津子は卒業後どうしたいのか考えたことがなかった。母親が個人病院に話をつけてきたので、そこに就職した。彼女はディズニーランドが好きだった。ファンタジーな世界で現実を忘れられるからだ。それで病院をやめて舞浜に住み、ディズニーのことだけを考えて、そこでできる仕事に就いた。だけど、満員電車が苦手で三年でやめた。

この時ようやく看護師になることを決め、お金を貯めて国家試験の勉強を始めた。「あんなに勉強したのは人生で初めて」と言う。資格を取った時は、高校卒業から五年がたっていた。

二七歳の時、友だちに紹介されて二歳年上の人と結婚した。だけど一年半で別れた。離婚のきっかけは彼女のパソコンのメールを見られたことと、家のことは何もしないでサーフィンを最優先させるような人だったたから。

三三歳で再婚した。できちゃった婚だった。この人は「自分は再婚相手を受け入れてやった寛大な人間なんだ」的な考え方をもつ人だった。ハネムーンは一週間のバリ島だったが、夫の友だちがついてきた。「この時点からそもそもおかしかった」と美津子は言う。

夫は大きな病院の事務をしていた。三・一一の事故があった時、「親が心配だ」と言って子どもと美津子を置いて実家に帰ってしまった。三男なのに子どもより、妻より親が大事な人なんだと思った。これがきっかけで離婚を決意した。この時彼女は正規雇用の看護師で同年齢の男性並みの年収があった。離婚に踏み切れたのは経済力のおかげだ。

「養育費を出さない」という元夫

離婚する時、美津子は夫に要求したいことが三つあった。一つは子どもの養育費を払うこと、二つ目は親権（養育権を含む）を彼女が持つこと、三つめは平等な財産分与をすることだった。彼女がいちばん欲しかったのは親権だ。元夫は親権についてはあっさりＯＫした。でも、養育費と財産分与でもめた。そこで家庭裁判所に離婚調停を申し出た。元夫の言い分はこうだ。

「親権は譲るけど養育費は払わない。自分の働いた金は子どもには出さない。財産については勝手に出て行ったのだから元妻には渡さない」

「この人は自分のお金はちょっとでも出したくないのだ」と思った。元夫は養育費減額調停の申し立てを出してきた。彼女は養育費増額の申請を出した。

分与する財産がどのくらいあったかというと、家を購入するため二人で貯金してきたし、二人でお金を出して買った家財道具もある。それらを等分にもらいたい。結果、調停では財産分与は平等になった。

問題は養育費の額だった。子どもが高校卒業までは美津子の収入で何とかなる。だけど大学に行かせるつもりなのでお金がかかる。学費を出すのは親の責任だと彼女は考えた。しかし、美津子に収入があるのでかなり減額された。彼女は月六万円を申し出たが、元夫は二万円の申し出だった。あまりにも差があって家裁では決着がつかず、最高裁までいき、結果、元夫は月三万円払うことになった。元夫の年収は七〇〇万円を超えている。

裁判には三年かかった。美津子が養育費にこだわったのは父親としての責任を果たしてもらいたかったからだ。ただ、元夫は離婚後子どもとの面会要求を一度もしてこない。この人に子どもの養育は任せられないと思った。美津子は用心のため（彼女が不在のとき子どもを連れ去られないように）住民票と戸籍を自分しか取れないようにし、元夫には母子の住所がわからないようにした。

「結婚の三度目はありませんね」。美津子はきっぱり言う。

「女はもっと評価されていい」

いま、名称は「看護婦」ではなく「看護師」だ。美津子の職場に看護師は三〇人いるが男性は二人だけだ。男性看護師は美津子に「字が汚い」「看護が寄り添えていない」などと文句を言ってくる。一方で、その男性看護師が対応すると患者さんから「女の方に代わってもらえませんか？」と言われることがある。看護の仕事は女の仕事という根強い感覚が残っていることもあるが、女性のほうがきめ細かな看護ができるからだと美津子は考える。

彼女の年収は男性並みだ。それはターミナルケアの部署にいて、夜勤もこなすなど「男性の四〜五倍頑張っている」から。女は子どもを犠牲にして頑張らないといい部署に就けない。努力しないと男と同等にならない。年休は年間七日しか取れない。それなのに子どもを生むと負担が女性だけに来て、よほど頑張らないと男並みに働けないし稼げない。「これはおかしい、女性はもっと評価されていい」と美津子は強調する。

「妊娠、出産は三〇歳までにしたい」と思ってきた結果、子どものことはそのとおりにできた。「夫はいなくても子どもがいればいい」それが彼女の本音だ。安定した生活をしたいと思っている。「男よりお金ですね」と笑った。

子どもを生んでよかったことがある。生んだあと代謝がよくなったこと、特にホルモンバランスがよくなったと感じる。「女性は生んだほうが更年期が穏やかになると聞いたことがあります」という。

看護師の先輩でシングルだった人がいる。その人を見て「彼女のように生きたい」と思った。その人も美津子くらい稼いでいた。定年で仕事をやめて、持っていた資産を全部自分がやりたかったことに使った。海外旅行にもよく行っていた。そうやってお金を使い果たしてしまったので、その人はいま、生活保護を受けて暮らしている。彼女は「もう結婚するつもりはないので、その先輩を見習いたい」と真顔で言った。

「とんでもないところに来た」

――みすず

みすずは、ある時から結婚をしないと決めた。その決断の経緯は次のようだ

中学の時はあまり目立たない存在だった。部活はバスケットボール部、担任から「バスケはやめるな」と言われていたので、三年間続けた。この部活はショートヘアでなければいけなかったので、それが嫌だった。

高校は商業科希望だったが、家から近いＨ女子高にした。

入学初日に三年生が「お礼参り」と言って、新入生で目立つ子を呼び出していた。呼び出されたその子が殴られるところを見た。殴られた子は吹っ飛んだ。「とんでもないところに来てしまった」と思った。派手な先輩が多くて、黒のブラシャーで廊下を歩いている人がいたり、女子生徒同士でキスしたり、とにかく衝撃的だった。先輩は靴下とかバッグとか田舎では売っていないようなものを持っていたし、不良がするような服装だった。怖い先輩に目を付けられると、呼び出されて「オマエ、生意気なんだよ」と脅される。だから外見が派手にならないように、生意気な服装はしないように気をつけた。

一、二年生も悪ふざけをしていた。英語の先生をいじめる。といっても、教室のドアを開ける

と何かが落ちて来たりするような地味ないじめだ。友だちのYちゃんは惚れっぽい生徒で、新任の男性教員の家に同級生と押しかけて行ったりしていた。授業中に化粧したりマンガを読んだり、安全ピンでピアスの穴をあけたりしているのに、明らかに気がついていない先生がいた。授業はやってもやらなくても一緒なんだと思った。

みすずは、H女子高の生徒は四つのタイプに分かれる、と言う。一つ目は派手なビジュアル系、二つ目はクソまじめな子、三つめは一と二の中間、そしてオタクな子だ。

みすずは自身を、三つ目の「中間」だったと言う。

バイトへの「指導」が変わった

初めてのバイトはステーキハウスのウエイトレスだった。そこに客として来た生徒指導の先生に見つかった。その時は「見なかったことにしてやる」と言われた。家庭謹慎になると思っていたけど、その頃はもう厳しい指導はなくなっていた。そのあと、旅館で布団を敷くバイトをしたが、友だちに告げ口されて家庭謹慎になった。ちなみに謹慎になるかならないかは、校則違反を知った先生が「どんなことでもルールはルール」と考えるかどうかによる。バイトは年上の人との交流もあるし、外の世界を知ることができるから、人との付き合い方や礼儀作法とか、得ることが多くて、楽しかった。

男に幻滅する

H女子高の子たちにとって、学園祭に彼氏が来るのは誇らしいことだった。みすずにもいたけれど、学校には連れてこなかった。彼氏はバイト先で出会った高校中退の人。半年くらいの付き合いだった。別れたのは二股をかけていたのがわかったから。二股をかけられた女の子は妊娠してその男と結婚したけれど、すぐに別れたとバイト仲間から聞いた。とてもショックで、男に幻滅した。第一に妊娠させたこと、第二に子どもが生まれたのにすぐ別れたことだ。

「親になった自覚もなければ責任感もない、その女性もあの男と別れてよかったと思う」

病気、そして仕事

将来は美容師になりたかったけれど、これ以上親にお金の負担はかけたくないと諦めた。初めの就職先はアパレル系、洋服を売る仕事だ。この仕事はイジメもなくみすずに向いていた。ここでお金をためて美容学校に行こうと思った二二歳の時、病気になった。治療にとてもお金がかかる病気だった。実家から通って治療し、今も通院している。その間ネイル検定を取った。ネイルの仕事を家でやるかショップに入ってやるか、どちらかにしたかったけれど、治療があるので友だちに安い価格でやってあげるだけにしている。

ずっとアパレルの仕事をしたかったけれど、若い人がいいという世界なので四〇歳でやめた。いまは大きな病院の事務をやっている。事務とはいっても覚えることがたくさんあって、看護師も絡んできていろいろ小言を言われる。

結婚に夢が持てない

今は、税金は上がるのに賃金は上がらない。だから老後の不安があって貯金をしている。

みすずは高校の時「二二か二三歳で子どもを二人生んで、早く育てて老後は楽をしよう」なんて考えていた。だけど病気をしたとき「子どもは生めない」と言われた。ショックはなかった。兄が離婚したのを見ていて結婚に希望が持てない、ということもあった。

子どもがいないので、離婚した兄の子どもの面倒を見ていて、それが生きがいだ。姪と暮らしを共有することができればそれでいいと思っている。

結婚という形でなくても、パートナーがいたらいいなとは思う。だけど、自分のペースを崩されたくないし、妊娠、出産によるリスクは女のほうが大きい割に、そのリスクが報われないように思える。結婚して幸せそうな人が周りにいないからかもしれない。高校の時の仲良し四人のグループは今も続いているけど、この中で結婚したのは一人だけだ。

でも失望ばかりでもない。一歳年下の友だちにC子という人がいる。彼女は三年前、パートナーができたといって紹介してくれた。パートナーは一七歳年下で、C子はその時四〇歳。C子は「彼とは結婚しない、子どもも持たない」とはっきり言っていた。

最近、C子と会ったとき、次のようなことを言った。

「私（C子）は彼より一七歳年上だから、確率として私のほうが先に死ぬよね。そんな話になった時、彼はこう言ったの。〝C子ちゃんが死んだら、僕、二〇〇万円持ってスイスに行って安楽死するよ〟って」

二〇〇万円というのは安楽死にかかる経費だという。こんなことを言ってくれる人とならパートナーになってもいいな、とみすずは思った。

寿命は短いほうがいい

みすずは社会に対する不満はあっても、考えないようにしている。

「いまの社会はちょっと何かすれば変わるとは思えないから」

選挙でもこの人を選んでも何も変わらないと思う。当選してほしいと誰かを応援しても、その人が当選しただけではダメだ。マニフェストを見せられても信用できない。議員の人たちは、若い人の働く現場の悪循環――賃金が安くて長時間働かされる、ゆっくり考える暇がない、だから社会や選挙に関心が持てない――ことをどう見ているのか、とみすずは言う。心のどこかで少しはよくなると期待したいけど、現実には無理、と思うことのほうが大きい、とも。

彼女は最後にこう言った。

「私、早く死にたいんです。自殺ではなく人に迷惑をかけずに五〇歳くらいで。今後のことを考えると、私の老後を姪に看てもらうのは辛い。お互いにいやな思いをする前に、この世からいなくなりたい。だから人生は五〇歳くらいでいいかな、と思います」

病気になってから、好きなことをしておきたいと思うようになった。「好きなことをやり終わった時、寿命も終わってほしい。でも、そんなにうまくはいかないでしょうね」

みすずには、いまの世の中に夢を持たず希望を持たず、諦めともいえる気持ちがある。その背景には彼女が抱えている病気がある。だが、その病気と折り合い、付き合っていく中で社会を見る冷静さと動揺しない精神が養っているように感じられた。

女子高でよかった
——美智子

結婚制度に疑問を持ち、シングルで通す決心をした美智子の場合。

中学の三年間が最悪だったのは、男子がとても低レベルだったこと。彼女は、小さい時から水泳をやっていたので足や腕に筋肉がついている。体育着になった時、そいつらから「お前は足が太い。○○（その頃売れていたタレントの名前）みたいに細いほうがかわいい」と、最低なことを言われた。その時は、レベルが低いやつらだからと聞き流していたけれど、やっぱりむかつくし、不愉快。早くこんな学校卒業したいと思っていた。

H女子高は女ばかりで好きなことが言えてほっとした。高校は水泳部で練習と試合に明け暮れた。同期が一二人いて、四〇〇メートルメドレーとか息の合う友だちもできて楽しかった。文化祭も運動会も女子だけで運営するけれど、むしろ男子がいないほうがイヤなことがない、ちゃんとできると思った。

愚痴が多いのに、なぜ結婚するのかな

高校を卒業してからも、水泳部のOGは年に二回必ず集まっている。仕事で遠くにいる子もいるけれど、みんな結婚すると実家近くに戻ってくるようになった。中には離婚して戻った人もいる。

三〇代までは集まると結婚の話で盛り上がった。見合い系サイトで相手を探している人もいた。着手金七万円とか成功報酬二〇万円などと言っていたけど、相手が見つかるととても喜んでいた。

三〇代半ば過ぎになると、ほとんどの人が結婚して子どもも生まれる。そうすると話は夫の悪口と子どものことばかり。美智子は結婚していなかったので話の輪に入れなかった。そのかわり「なんで結婚しないの？」「彼氏はまだ見つからないの？」という質問が浴びせられるようになった。四〇歳をちょっと過ぎた頃、シングルはとうとう彼女一人になっていた。

年二回の集まりが恒例で、少ない時でも五、六人が集まる。小さかった子も小学生になって手が離れたとか、塾はどうするとかが話の中心になっていった。

美智子は「早く結婚しなよ」と言われるのもわかっていたけれど、都合のつくときはたいてい参加した。彼女たちの愚痴に興味があったからだ。結婚している人は相変わらず夫の悪口を言う。家事を一切しないとか稼ぎが悪いとか。ちょっとの時間でも子どもを見ていてくれないとか。そ

のあと加わる話題が舅、姑の愚痴。

結婚してよかった、幸せいっぱいというカップルがいないのが不思議だった。結婚って幸せになるためにするものかと思っていたけれど、そうでもない。それなのに未婚の彼女に相変わらず「結婚しなよ」と言ってくる。その人が幸せな結婚生活を語ってくれるのならともかく、夫の悪口と思うようにならない子どもの愚痴ばかり聞かされていたら、もともと結婚願望は薄いのに、もっと嫌になるだけだった。

美智子に結婚願望がなかったわけではない。人並みにその気持ちはあった。絶対に外せないのが、結婚しようと子どもが生まれようと働き続けたい、ということ。共稼ぎの両親を見ていると家事、育児の負担は母だけが負っていた。それを一通りこなしたうえで男と同じ仕事をするので、いつも帰ってくると座る間もなく夕食の支度をして、美智子たちに食べさせる。そのあとしばらくは疲れ切って横になっている。父はそういう母に何の同情も寄せていない。それを見て育ったから「母のような結婚はしたくない、するなら家事、育児をシェアできる人がいい」と思うようになった。だけど、そんな人は現れなかった。だから結婚か仕事か、という二者択一になった。男なら何の迷いもなく結婚と仕事が両立できるのに、日本にはそういう考えの男が少ない。彼女はこのことを社会に出て実感している。

美智子は育った家庭と、自身が仕事を続ける中で、今の境地に至った。経済的に自立したいと考えると、結婚後女性は大きな枷がはめられる。多くの女性が抱える問題だ。美智子個人のことにしないで、男性も含め共有できる仲間づくりが必要では、と私は漏らした。すると彼女はかなり明るい表情になってこう言った。

「職場の同僚でカナダ人と結婚している人がいるんです。彼女は仕事で四、五日家を空けることがありました。その間の食事を夫のために作っておこうとしていたら、夫の父親（カナダ人）から言われたそうです。〝なんであなたがそんなことをするの。彼（彼女の夫）は大人なんだよ〟って。こんな話に共感する人と繋がれたらって思っています」

終章　信念変更の物語

勉強嫌いは「悪」じゃない

私は教員になった当初、学力優秀、勉強が好き、読書が好き、品行方正で決して裏の顔を持たない生徒が「よい生徒」であり、学力のある生徒が高い評価を受けるのは当然だと思っていた。そして「よい生徒」を育て、「悪」の道にそれず、「善(よいこと)」を勧めるのが教育だと思っていた。だから、できれば優等生が行く学校に赴任したいものだ、と不遜にも思っていた。さらに教員は、生徒が幸福な道を選ぶように指導するのが役目だと信じていた。自分が、「指導する者」という高みに立って、学校で何が起きようと影響が及ばない、返り血を浴びない安全なところから、高みの見物をする者だということに気がつかないでいた。このような考えが学力の劣る生徒を傷つけ、虐げていることにも無関心だった。

ある生徒が「あの先生が好きじゃない」と言って、自分のクラスでの出来事を話してくれたことがある。彼女は二年生で、担任は若い男性だった。この生徒にはオシャレに熱心な友だちがいて、授業中に化粧をしていた。その担任は化粧している生徒を見咎め「頭が悪いのに、そんなことに力を入れてんじゃないよ」とみんなの前で言ったのだ。生徒を見下すようなぞんざいな態度にその生徒は怒って、私に打ち明けたのだった。優等生を愛する教員としたら、ほんの些細な注意だったに違いない。だが、生徒はそのようには受け取らない。成績がどうあろうと、どんなに素行が悪かろうと、生徒はやはり人格を大切にしてもらいたいのである。ところが、そのことに気がつかない。差別をしていることに気がつかないのが教員なのだ。

何年か教員をやっているうちに、「よい生徒」を褒めることは「自分さえよい位置にいればいい」というエゴイズムを生み出し、「よい生徒」を評価するのはこのエゴイズムをカモフラージュすることになることがわかってきた。

このように自分の学校観が変化し、自分の態度に疑いを抱き始めた頃、「女版野郎ども」と出会った。彼女たちは自分が学力や知力で評価されるに値しないことを知っていたし、その一方で「自分は何によって尊厳を保てばよいか」という思いを無意識であっても抱いていた。

一般的に、学校という場で生徒は虚栄と儀礼の服を身につけなければならない。だが、「女版野郎ども」はそもそも虚栄と儀礼という衣服を着る必要がない。

ありのままの人間の姿をさらけ出していた。彼女たちの言動によって私は、人間というものは均質で誰もが同じようにモノを考える、という間違った人間観を改めるようになった。

「女阪野郎ども」は学校が好きだった。勉強が嫌いであり、成績は振るわず、素行も悪い。にもかかわらず、彼女たちは学校を休むことを知らなかった。勉強嫌いは決して悪いことではないのである。

それにしても、なぜ彼女たちは毎日学校に来たのだろう。

それは、学校に行けば仲間がいるからである。そして「高校くらいは出ておかないとこの先大変」ということをわきまえていたからだ。彼女たちは仲間意識が強く、結束していた。その結束力の強さと、それが裏切られた時の事例を一つ挙げよう。

三年生のあるクラスは、休み時間や自習時間の喫煙が常習になっていた。特に窓を開けることがない冬場に多かった。しかしこのことを、喫煙しない生徒も含め誰一人として外に漏らす者はいなかった。それはこのクラスが、全員といってよいくらい「女阪野郎ども」で占められていたからである。ところがクラスに一人だけ、悪気もなく、仲間を裏切る気もなく、仲間意識を持たない生徒がいた。彼女にしても反学校文化に馴染んでいたのに、クラスではちょっとした仲間外れの位置にいた。その生徒がある時、誰それが喫煙していると教員にポロリと言って、事態が発覚してしまった。

教員は基本的に「女阪野郎ども」と出会うことができない。「出会う」とは単に顔見知りになることではない。ありのままの人間として話をし、接することを意味している。先に「女阪野郎ども」はもともと虚栄と儀礼の衣服を脱いでいる、というより着る必要がない、と書いた。だからよりありのままの姿が見えるはずである。だが、「女阪野郎ども」とはどのような生徒なのか見極められなければ真の姿は見えない。教員が抱きがちな差別観念に自覚的にならなければ、いくら虚栄と儀礼の服を脱いでありのままの姿になったとしても、彼女たちの真の姿は見えてこないのである。

女子高生と接するには

教員をやる以上、私は生徒のありのままの姿を知りたいと思っていた。そのためには「教員と生徒」という枠組みを壊さなければならないと思った。さらに「自分は教員である」という上から目線をやめること。これに代わって、彼女たちと同じ性だが大人の女性であること、彼女たちが踏むであろうライフステージを一通りこなしてきた年配者であるという立場に立つことにした。彼女たちは年配の女性がどのような性認識を持っているか、どのような経験を積んできたかを知りたがっていた。彼女たちの多くは、「性」に対する激しい渇望と関心を抱いていた。だから彼女たちを「年端のいかない少女」とみるのではなく、一人の女性とみることが重要であった。

さらにいくつかの注意点を守ることにした。列記すれば次のようである。

- 無理に彼女たちの気を引いたり、近づいたりしない。
- あちらから近付いてきたときは決して拒まない、むしろ何を話したいのか黙って聞く。

- 話を聞いたことについて、ある点では彼女たちの意見を尊重し、否定しない。
- 決して妥協はしない、かつ深追いはしない。例えば万引きは犯罪である。しかし、一定の年齢になったらやらなくなる、一過性の「犯罪の遊び化」でもあると考え、どこまでも問い詰めたり追い詰めたりしない。

- 彼女たちの意に迎合しない。機嫌を取ったり調子を合わせたり、なれなれしくしたり、彼女たちの悪癖を是認しない。あくまでも分別ある、教養ある大人の女性の立ち位置を崩さない。自分を貶めるようなことをしたり権威を失墜したりするようであれば、彼女たちは私を軽蔑し、無視するに違いない。

すっかり大人になったいま、彼女たちと会った時、彼女たちとの関係がほぼあの頃のままであることがわかった。あの頃の「悪行」が彼女たちに暗い影を落としたり、反社会的な人間になったりという、悪影響を及ぼしていなかったのである。彼女たちが自分を振り返り、包み隠すことなく打ち明ける姿は真摯であり、自分自身に対する尊厳があった。

「女阪野郎ども」と関わる中で、私の「よい生徒像」は徐々に訂正され、訂正に次ぐ訂正を重ね、すっかりといってよいほど影を潜めていった。それまであった教員と生徒という関係が壊れ、失われたといってよい。

「女阪野郎ども」は傲慢でずる賢く、厚かましく、そして自分を卑下している。だが、生き残る術と意志に満ちている。彼女たちは不合理ともいえる言動をとることもあるし、悪いことも恐れずにやってのける。この点、私のように「善だ」「理性だ」など口幅ったく言う教員は敵わない、通用しない何ものかがあった。

このようにしてかつての「よい生徒像」に訂正を加えれば加えるほど、自分が教員集団から離脱し、これまでとは違った方向を向いていると自覚するようになった。けれども、自分の精神、考えを変えていくこの作業は楽しいものであった。自分でも驚くほど「不良」「ヤンキー」の気持ちが伝わってくるようになったからである。

私はまだまだ彼女たちの中に、学ばなければならないことが多いのを感じた。

「私たちのこと、本に残して」

話はがらりと変わる。

二〇二一年（本書執筆の一年前）のハロウィンの夜だった。NYに住むめぐみから電話を受けた。しばらく近況報告をしあった後、めぐみが言った。

「センセイ、H女子高時代のことを本にしたいんだけど。この間、帰国してみんなに会った時そういう話になったの、私も賛成した」

なぜ今頃になって本にしたいのかと問うと「あの時代って、私たちの宝なんだよね。それで、カジワラセンセイに頼んでみようっていう話になった。書いてくれるって言わなければ、私たちでやろうって言ってる」。

めぐみはそう言って、あの頃、つまり「女版野郎ども」だった時代がいかに楽しく、貴重で、生きる糧になっているかを熱っぽく語った。

人間が生きていくうえで心の支えになるもの、それは何ものにも代えがたい、楽しかった、宝物のようにずっと消えることのない、美しい思い出ではないだろうか。ことに幼少期、家庭で味わったよい思い出ほど貴重なものはない、と言われる。それは生きていくうえで辛いこと、悲しいこと、あるいは「悪」に手を染めそうになった時、軌道修正をしてくれる、それほど大事なものだ。

めぐみたちにとって「女阪野郎ども」として過ごした、高校のあの三年間がそれにあたるのだ。私が彼女たちと付き合った期間は一年間で、受け持ったのは授業の一コマに過ぎない。だが、卒業して二七年も経つのに、私もあの頃の思い出は決して消えることがない。彼女たちに会うたびにそれらを思い起こすのだ。教員として最も楽しかった時代として……。

だが、私はすでに教員を廃業し、二〇年が経っている。教員廃業にはいくつもの理由があるのだが、確実に言えるのはH女子高で八年間勤務したこと、そのあと近隣で「進学校」「いい学校」と言われる高校に異動したことがある。より正確に言うなら「女阪野郎ども」のような学校は世間では異例中の異例であるが、「進学校」はごく当たり前の高校である。だが、私にとっての学校とは「女阪野郎ども」がいられるところであり、ごく当たり前の学校は、学校とはいえなくなっていた。この二校の経験があったからこそやめる決心がついた。「女阪野郎ども」がいた学校の直後、進学校に行かなかったら、定年まで勤めたに違いないのである。

私はH女子高での経験によって、生徒を世間がいう「よい大学に進学させ」「間違いない進路選択をさせ」「善なる指導をする」ことができなくなっていた。センター試験(当時)、服装指導、時間割に基づいたよい授業などへの関心が完全に失せていた。それもこれも「進学校」では血肉の通った人間味ある「指導」はできず、文科省のお達しから外れる教員は生きづらかったからである。

ハロウィンの夜、めぐみからの電話で私はずっと意識していた「あの時代」の貴重さを改めてかみしめた。「女版野郎ども」でなければ「本にして」などと言わないであろう。彼女たちは「本にする作業」を通してあの時代を再現し、反芻したいのだ。それは彼女たちを知り尽くしている(ちょっとオーバーか)「女版野郎ども」の首領であった私でなければ、書き手はほかにいないと思った。

「わかったよ、めぐみ。私でよければ書いてみるよ」

こうしてこのささやかな、小さな田舎町のあの時代に、同じ船に乗り合わせた元H女子高生への聞き取り調査を開始し、文字に起こすことになったのである。本書は「女版野郎ども」の言動と、彼女たちの生き様の記録である。と同時に、一教員がたどった信念変更の物語である。

著者プロフィール

梶原公子（かじわら きみこ）

1950年生まれ。静岡県立静岡女子大学卒。高校家庭科教員として20年あまり勤務。退職後、立教大学大学院で社会学修士、聖徳大学大学院で栄養学博士。のち管理栄養士資格を取得。社会臨床学会運営委員などを経て、若者のひきこもり、女性の労働問題等をテーマに取材執筆活動をおこなっている。
著書に「コミュニティユニオン　沈黙する労働者とほくそ笑む企業」「25パーセントの女たち　未婚、高学歴、ノンキャリアという生き方」（あっぷる出版社）、「若者はなぜ自立から降りるのか　幸せなヒモ婚へ」（同時代社）などがある。

男社会をぶっとばせ！　反学校文化を生きた女子高生たち

2023年3月20日　初版第1刷発行

著　者　梶原公子

発行者　渡辺弘一郎

発行所　株式会社あっぷる出版社
〒101－0065 東京都千代田区西神田2－7－6
TEL 03－6261－1236　FAX 03－6261－1286
http://applepublishing.co.jp/

装　幀　神田昇和

組　版　Katzen House　西田久美

印　刷　モリモト印刷

梶原公子［著］

コミュニティユニオン　沈黙する労働者とほくそ笑む企業

定価：本体1800円＋税
ISBN：978-4-87177-358-4

憲法、労働基準法より先にできた法律、それが労働組合法。解雇、過酷労働、パワハラ、セクハラと闘うために必要な存在、それがユニオン。私たち働くものはこれらの価値を再認識し、使っていくべきではないだろうか。組織に従属しない働き方を示唆してくれる１冊。

梶原公子［著］

25パーセントの女たち　未婚、高学歴、ノンキャリアという生き方

定価：本体1600円＋税
ISBN：978-4-87177-324-9

学業から就職、仕事。結婚から出産、主婦。この「当たり前」と思われるライフコースから降りていく女性たちがいる。キャリアにこだわらず、男性に媚びず、世間に流されず生きていく彼女たちの姿には、閉塞的な社会を生き抜くなにかがある。生きづらさから抜け出した先にある豊かさとはなにかを教えてくれる１冊。